# LOS PASTORES
## NO SE JUBILAN (! ..., ¿?)

*Un Libro Devocional, Educativo, Teológico y Jovial
para Laicos y Clérigos, sobre una parte importante
en la vida de la Iglesia y del Pastor*

## Rev. Dr. Enrique Lebrón

Publicado por Ibukku, LLC
www.ibukku.com
Diseño y maquetación: Índigo Estudio Gráfico
Copyright © 2022 Rev. Dr. Enrique Lebrón
ISBN Paperback: 978-1-68574-186-0
ISBN eBook: 978-1-68574-187-7
LCCN: 2022914432

# ÍNDICE

# AGRADECIMIENTOS

Gracias a Dios por el privilegio que tuve de conocerlo mediante la resurrección de su hijo Jesucristo haciéndose presente en mi vida, por la transformación de su Espíritu Santo, la cual se da en nuestro caminar diario. Gracias a todos los laicos, pastores y pastoras que contribuyeron de una manera u otra en mi vida cristiana y pastoral.

Gracias a las personas que aportaron apoyo, tiempo y tareas para ayudarme con este libro. Dorcas Ledesma, Maybeth Matías, Reverenda Noemí González, Reverendo Reinaldo Burgos, Reverendo Doctor Eric Hernández, Damaris Lebrón, Profesor Doctor Ediberto López, Profesora Dione López A. Gracias a la editorial por sus orientación y dirección.

# DEDICATORIA

Les invito a que me acompañen a celebrar la dedicatoria de este libro a estas personas de gran valor en mi vida y ministerio:

A mi familia, por su apoyo, comprensión y proyección durante este trabajo.

A mi esposa Ithamar Malavé, hija de pastor y mujer muy activa en la vida de la iglesia.

A mi hija, la Reverenda Dorlimar Lebrón.

A mi hijo, músico cristiano, Enrique Raúl Lebrón.

También deseo que este libro sea un homenaje a todos los pastores y pastoras jubilados.

¡Gracias por su amor, labor y servicio!

# PREÁMBULO

El propósito de este trabajo es ampliar el conocimiento sobre el concepto de la jubilación o retiro laboral y específicamente en el ministerio de los pastores. Estas páginas están basadas en las experiencias e investigación de la transición de mi trabajo al retiro, es así que, trabajaré desde acciones vinculadas con lo que se relaciona al antes, durante y después de la jubilación.

Para lograr este objetivo utilizo aquí definiciones, testimonios, estudios, teología, información bibliográfica, consecuencias, desafíos, logros, satisfacciones y otros recursos vinculados al tema.

Me gustaría destacar que las estadísticas y los sistemas económicos, como las legislaciones gubernamentales, varían de acuerdo a la geografía, los años, las comunidades, el perfil de la persona mayor y su etapa vital.

Mi deseo es que a través de esta lectura encuentren salud integral (física, espiritual, emocional y familiar) que les permita disfrutar la jubilación a plenitud. Juntos descubriremos que este modo o estilo de vida nos ofrece la oportunidad de canalizar las experiencias adquiridas a lo largo de la vida de trabajo hacia actividades significativas de trascendencia. Hoy el retirarse significa la llegada a una etapa de posibilidades, del ocio como un espacio de libertad creativa.

Es bueno recordar que el retiro laboral es un acontecimiento importante en la vida de la persona y que es un proceso continuo de identificación de deseos, necesidades, desarrollo de planes, lo que constituye la esencia de una correcta planificación. No podemos olvidar que el tema está relacionado con la pérdida, cuestión implícita en este libro.

# INTRODUCCIÓN

La motivación o el llamado de Dios a escribir estas líneas ha sido para llegar al pueblo cristiano, compuesto de laicos y clérigos que aman a Dios, a la iglesia y a sus líderes.

Al retirarme del ministerio laboral me encontré con diferentes laicos de diversas denominaciones religiosas a quienes con alegría les compartí la gran noticia: "Me he jubilado", pero me impactó que la mayoría respondió con la frase: "Los pastores no se jubilan". No sabía qué decir, si debía explicarles lo que retirarse del ministerio ordenado significaba o preguntarles cuál era su concepto sobre el retiro de pastores y pastoras. No sabía cómo sentirme. No sabía si este comentario era un elogio por mi buen trabajo o debía sentirme mal porque me estaba rindiendo.en realidad, me causó confusión y frustración a tal grado que me motivó a investigar y crear un trabajo que orientara al pueblo a disfrutar de este regalo de Dios.

Los pastores nos acostumbramos a estar pendientes de las señales de los tiempos (característico de los profetas), somos visionarios de Dios, guiamos a su pueblo no ciegamente, con su dirección ministramos a una comunidad amada y vulnerable con necesidades y crisis. Me atrevo a afirmar que el tiempo del retiro pastoral es uno divino, en donde Dios, que me ha dirigido a través de los años, nos indica cuándo y cómo será el momento. Hay diversas formas y razones en este proceso. Es como la conversión o el llamado al pastorado, que es personal y diferente. Por tal razón decidí escribir sobre el tema sin ningún interés de agotarlo, pero con el propósito de invitarles a reflexionar al respecto.

Yo oro y espero que este trabajo pueda motivar, instruir y beneficiar a los pastores y laicos como servidores de Dios y de su iglesia.

A través de estos capítulos, se pueden identificar realidades y sorpresas, limitaciones y posibilidades que tenemos como pastores del rebaño de Dios.

El primer capítulo hace alusión a quiénes somos y qué hacemos los pastores. Encontraremos demandas, retos, desafíos, otros cambios y afrontamientos en la labor.

El segundo capítulo examina una gama de definiciones e interpretaciones de la palabra jubilación y/o retiro y algunas respuestas a las preguntas: ¿De dónde surge la jubilación? ¿Por qué y para qué? ¿Cuál es el acto de jubilarse? ¿Hay alguna razón para jubilarse?

De otra parte, hace alusión a la teología de la jubilación, la cual señala unas pequeñas realidades de mi disciplina con Dios y como líder comunitario durante mi trabajo pastoral. Encontraremos qué nos enseñan

Dios, nuestros antepasados y la psicología sobre la jubilación.

El tercer capítulo nos invita a conocer acerca de las iglesias y su planificación de pensiones.

El capítulo cuarto trata de una autoevaluación para ayudarte en la decisión hacia la jubilación, su éxito y su valor. Se comparten ideas para una transición exitosa.

El quinto capítulo abre un momento de esparcimiento y diversión.

Finalmente, en el sexto capítulo presento algunas apreciaciones de mi vivencia en este ministerio.

Mi intención primordial es que luego de leer este libro, usted pueda tener un mejor entendimiento sobre cómo bendecir en el nombre de Cristo a cada ministro laboral que esté considerando o pasando por la transición hacia el ministerio servicial.

# 1. LOS PASTORES, ¿QUIÉNES SOMOS Y QUÉ HACEMOS?

¿Qué es un pastor?

Para comenzar es importante meditar en torno a esta pregunta: "¿Es la descripción bíblica de un pastor la misma que mi idea de un pastor?". Exploremos lo que la Biblia dice en cuanto a los pastores.

Se puede encontrar el término "pastor" en Efesios 4:11: "Y él mismo constituyó a unos, apóstoles; a otros, profetas; a otros, evangelistas; a otros, pastores y maestros". Se traduce esta palabra del griego *poimen*, que significa "pastor" o persona que cuida ovejas (Danker, et.al., 2000, p. 684). Se usa para describir a los pastores en la historia del nacimiento de Jesús en Lucas 2:8. Pero también tiene un significado general que incluye la idea de pastores espirituales que supervisan un rebaño de "ovejas" o cristianos, como en Efesios 4:11. El apóstol Pedro expandió esta idea del pastorado espiritual cuando escribió: "Ruego a los ancianos que están entre vosotros, yo anciano también con ellos: Apacentad la grey de Dios que está entre vosotros, cuidando de ella ... Y cuando aparezca el Príncipe de los pastores vosotros recibiréis la corona incorruptible de gloria" (1 Pedro 5:1-4), (Butt, 2015).

Un pastor es una persona a la que se ha conferido autoridad dentro de una iglesia cristiana para dirigir y cuidar una congregación de creyentes (https://es.wikipedia.org/wiki/Pastor_(cristianismo), s.f.).

El pastor de una iglesia debe dirigir y guiar a su congregación y ayudarla a tener una correcta relación con Dios.

Al igual que un pastor conduce y guía a sus ovejas, así mismo, ¿cuáles deberían ser los frutos del trabajo del pastor maestro? (http://www.revistalafuente.com/2007/12/cual-es-el-verdadero-rol-de-un-pastor.html, 2007).

Los resultados de una iglesia apacentada y entrenada son formidables. Así lo vemos en Efesios 4:13-16. Podemos hacer una lista de ellos:

*Hay unidad de fe*
Uno de los frutos es que la iglesia camina hacia la unidad. Es algo que hay que cultivar con trabajo. Ya esto vale dentro de una congregación y en la unidad intereclesial e interdenominacional.

*Cada uno llega a conocer mejor a Cristo*
El "conocimiento del Hijo de Dios" es una realidad vivencial. No conoce a Cristo aquel que acumuló mucha información al respecto. Conoce a Cristo aquel que "quiere hacer su voluntad", aquel que "oye su voz, es conocido por él, y le sigue".

*Surge un ser humano con capacidad espiritual*
Los integrantes de la familia de Dios crecen hasta la estatura de Cristo, "el varón perfecto". Una humanidad recreada a imagen de Cristo.

*Hay estabilidad de convicciones y cosmovisión*
Los miembros dejan de ser inestables, fluctuantes y dependientes como niños. Son "inmunizados" contra falsas doctrinas humanas y diabólicas.

*Los miembros crecen a medida que siguen la verdad en amor*
Hay quienes han luchado por la "verdad", pero sin amor. Otros predican un "amor" sin convicciones firmes.

*Cristo, la cabeza, coordina al cuerpo*
La iglesia funciona como un cuerpo. "Todo bien concertado". "Armonioso". Como una orquesta, con diferentes instrumentos, que interpreta una pieza musical.

A los pastores presbíteros de las iglesias históricas se les ordena y autoriza a servir en los ministerios, proclamar la palabra de Dios, administrar los sacramentos, ordenar la obra religiosa y ser útiles a las congregaciones y comunidades.

Mientras avanzaba en mi investigación sobre el retiro de los pastores encontré unos documentos con informaciones y estadísticas significativas acerca de nuestro campo de trabajo que es la iglesia; indicaban que las exigencias pastorales se asemejan con ciertas variantes en casi todo el mundo (Drucker, 2014). Peter Drucker, ya fallecido, conocido como el gurú del liderazgo, dijo que los cuatro trabajos más difíciles de realizar en Estados Unidos son:

- Ser presidente de Estados Unidos
- Ser presidente de alguna universidad
- Ser gerente general de algún hospital
- Ser pastor

¿Será verdad esto? Los pastores aman a Dios y aman a la gente. Ellos oran por la gente, guían a la gente a tener fe en Jesucristo y enseñan la Palabra de Dios. Casi todos sufren y celebran con la comunidad en la que sirven; estudian la Biblia, viven una vida de disciplina espiritual, cuidan su cuerpo con ejercicio, buena alimentación y preparan sermones para dirigirse al público. Otros sirven a más de una congregación, iglesias de otras culturas e idiomas; son rodeados de muchas tareas más.

Las demandas de esta labor

Ser pastor es un trabajo muy duro, puede ser de 24/7 y conlleva desafíos únicos. Algunos pastores se desgastan tratando de ayudar a la gente. Algunos hieren a sus propias familias porque se envuelven demasiado en las tareas del ministerio. Por la gracia de Dios, la mayoría de los compañeros y compañeras florecen en sus ministerios y en su vida familiar.

*Inciso A*

Aproximadamente el 85% de las iglesias en Estados Unidos tiene menos de 200 personas. El 60% menos de 100 personas. El promedio de tamaño de las iglesias es de 89 personas, según la investigación del Grupo Barna. El personal es pequeño y las necesidades son muchas. En muchas ocasiones el pastor tiene que ser el maestro de Biblia, el contador, el estratega, el creador de la visión y misión, visionario, técnico en computadora y de sonido, músico, consejero, orador público, director de alabanza, guerrero de oración, mentor, entrenador de líderes y levantador de fondos. ¿Quién podría llenar todos esos requisitos?

El 90% de los pastores ha dicho que el ministerio llegó a ser una cosa totalmente diferente de lo que pensaba sería antes de entrar. Algunos: "esto no me lo enseñaron en el seminario". Se encontró que el 70% ha expresado que ahora tiene más baja autoestima que cuando comenzó, pero como buenos y fieles obreros nos esforzamos en cumplir con nuestra labor.

Retos y desafíos de los pastores

*La iglesia vs COVID 19*

En el 2020, la iglesia tuvo que enfrentarse a la epidemia del COVID 19 (El coronavirus es un gran grupo de virus comunes entre los animales que comenzó a afectar a las personas, por lo general con una enfermedad del tracto respiratorio superior, similar a un resfriado común). Los síntomas del coronavirus podían incluir secreción nasal, tos, dolor de garganta, dolor de cabeza, fiebre, conjuntivitis, problemas digestivos, pérdidas del olfato y del gusto. Los primeros casos de neumonía se detectaron en Wuhan, China, reportados a la Organización Mundial de la Salud (OMS). Durante este periodo, el virus era nuevo y desconocido. Los casos comenzaron a reconocerse entre el 12 y el 29 de diciembre, según las autoridades de salud de Wuhan.

El 21 de enero de 2020, CNN (Cable News Network, cuyo dueño es CNN Worldwide) informa que Estados Unidos tiene sus primeros casos de este nuevo virus Corona19, confirmados por los Centros para el Control y la Prevención de Enfermedades.

Según el estudio de Barba Group dos de cada cinco pastores (40%) no esperaban albergar físicamente los servicios de adoración en su ubicación habitual hasta junio del 2020, otros tres de cada 10 (30%) abrirían o esperaban reabrir sus templos. La realidad es que todavía en 2021 se encontraban iglesias que habían tenido que funcionar por vía online y no presencial.

En uno de los artículos de ChurchPulse Weekly, los co-anfitriones Carey Nieuwhof y David Kinnaman se unieron a Tish Harrison Warren y John Mark Comer para analizar cómo estaban los pastores mientras la nación se enfrentaba a la crisis del Corona-19.

Tish Harrison Warren, un sacerdote y autor anglicano, señala que la sensación de agotamiento y frustración era muy real en ese momento, que el reinventar de la iglesia era una experiencia totalmente nueva y no la forma en la cual estaban acostumbrados a hacer ministerios, pero los cambios eran necesarios para amar bien a nuestro prójimo; en todo esto, dice: "estamos sintiendo lo que está mal en el mundo". Los líderes estaban abrumados y uno de cada cinco se había sentido solo con frecuencia durante esos meses[1]

Creo que el verdadero desafío para los pastores sería no rehuir a eso o fingir que está bien, sino aprender realmente a enfrentar el dolor y los límites de ello.

Algunos de los líderes de la iglesia también se encontraban entre el 15% que decía que no tenía un confidente en ese momento, afortunadamente, un 85% de los líderes tenía a alguien con quien se sentía cómodo compartiendo sus sentimientos e historias personales.

El 32% de los pastores y pastoras decía que durante la pandemia confiaba más en su vocación que antes; en 2016 este porcentaje casi se duplicó a un 66%. En 2020, la mitad de los pastores (52%) decía que sintió el mismo nivel de seguridad en su llamado que cuando comenzó en el ministerio. [2]

Cuando se dialoga con colegas del cuerpo pastoral que han cruzado por el valle de luz y de vida que yo llamo retiro es interesante saber que la mayoría responde con alegría y satisfacción, como cuando fueron llamados al santo ministerio; independiente de los retos o desafíos que hemos confrontado trabajando con las comunidades, las iglesias locales, los líderes administrativos y con la denominación en pleno, los pastores hemos respondido con valor y fe, con oración y disciplina en la presencia de Dios, como fieles obreros y obreras, y artesanos y artesanas del reino de Dios en la tierra.

*Otros cambios*

Después de muchos años de servicio me he dado cuenta de que como parte del ministerio hay retos en las iglesias que nos han forzado a cambiar, por ejemplo:

*Los cambios tecnológicos*

Audio: por tener lo más grande no significa mejor calidad; hay bocinas amplificadas, paredes bloqueadoras de sonido y sistemas de audífonos para traducciones que nos invitan a cambiar nuestro estilo.

- Proyección: cada día las iglesias dependen menos del papel y más de la pantalla electrónica, sea un televisor o un proyector con pantalla blanca.
- Internet: el uso de plataformas, páginas informativas (Periódicos) para promover y educar a los lectores son herramientas para transmitir la imagen de lo que es la iglesia.
- Transmisión virtual: ha sido un recurso en especial durante el tiempo de la pandemia. Se cambiaron Adoración y Estudio Bíblico de presenciales a virtuales utilizando recursos electrónicos y transmitiendo con templos cerrados, pero se alcanzaron visitantes y visitas a distancia.

Algunos ejemplos de los cambios que han tocado a nuestras puertas:

*Música:*
Los cantos tradicionales que han enriquecido nuestra iglesia desde el siglo XVII y servido de eslabón en la cadena de iglesias históricas. Por otro lado, los himnos y cánticos contemporáneos que abren brechas a sonidos culturales y nuevos autores que contribuyen a nuestra adoración y evangelismo. Esto ha traído consigo la tecnología de músicas grabada, proyectada y en vivo. No podemos dejar por fuera las prácticas del canto a capela y música de cámara con diversidad de instrumentos.

*Diversas culturas e idiomas:*
Tenemos Iglesias con congregaciones multilingües y multiculturales en donde se predica y se dirigen servicios de adoración en varios idiomas y se utilizan símbolos y elementos diversos para enriquecer el culto de la comunidad. Este ha sido el modelo que he seguido en mis años de ministerio laboral. Este, ha requerido doble tiempo de preparación.

Cambios sociales y estilos de evangelización:

• Los cambios sociales comprenden las variaciones, basados en valores, pautas, preceptos y normas, que le permiten a la sociedad superarse y avanzar frente a los desafíos.

Los estilos de evangelización tienen que ver en cómo los cristianos difunden el mensaje de Dios y su amor, hay muchas maneras: dando sus testimonios a sus amistades, ayudando al necesitado y utilizando los medios de comunicación (radio, internet y otros).

Estos cambios nos conducen a valorar el ministerio de la iglesia y a reconocer cuál es nuestro rendimiento. Debemos saber cuándo Dios nos llama a preparar el camino a otro pastor, como Juan el Bautista con Jesús, para dejar que la sangre nueva, el líder nuevo, continúe hacia otra realidad en misión de acuerdo a los cambios teológicos, económicos y políticos.

## Afrontamientos en la labor pastoral

Los pastores somos figuras públicas, estamos expuestos a la evaluación de nuestra familia, denominación, iglesia local y de la comunidad en que servimos. Observan desde sus puntos de vista el trabajo cristiano que como líderes desempeñamos. Somos vulnerables, porque no servimos a dos dioses, solo a uno, por lo tanto, no podemos tapar el cielo con una mano para aventajar a unas personas y atrasar a otras. Debemos siempre ser modelos de Cristo tanto en los sectores pobres como en los ricos. Por desgracia, a veces no contamos con la solidaridad de algunos líderes de la congregación en la que servimos. Muchas veces el resultado es obstaculizar la visión y atrasar la tarea pastoral para que no se cumpla; esto nos afecta mucho y provoca ciertas incomodidades:

Las Frustraciones. Las frustraciones y decepciones vienen de muchas maneras, trabajando con congregaciones pequeñas o grandes, con salarios bajos o altos. Hay muchas cosas que un pastor con su salario no puede hacer con su familia ni con la iglesia y a veces la congragación tiene el dinero, pero no los voluntarios.

La mayoría de los pastores son buenas personas, creyentes, sinceras, aman a Dios y conocen su palabra, tienen satisfacciones en su trabajo, pero algunas veces no se les reconoce ni motiva. Es muy frustrante porque en ocasiones las cosas marchan bien y de repente un par de los mejores diezmadores se tiene que mudar, esto crea un desbalance no solo en las finanzas, también en la labor congregacional. Recuerdo que, en uno de mis cargos pastorales, en 1992, logramos con mucha dedicación establecer un grupo entrenado y activo de doce jóvenes en la iglesia de la ciudad de Brooklyn, en New York; al año siguiente, tres de las familias de los jóvenes se mudaron y la mayoría se dispersó. Tuvimos que comenzar de nuevo.

El Cansancio. Hay un porcentaje alto de pastores que después de cinco años de servicio activo comienza a agotarse. Mantenerse personalmente renovado es un arte y una ciencia, en extremo importante; cuando llega la fatiga, la fe tiende a disolverse. Acordémonos de Jesús, quien siempre tomaba tiempo para retirarse de sus labores cotidianas y descansar para mantenerse fructífero en su misión. El cansancio cambia nuestra interpretación de las cosas, nos saca del enfoque y a veces de la comunión con Dios. Todos reaccionamos diferente, pero si no lo reconocemos y hacemos algo al respecto puede ser muy trágico.

El Rechazo. No hay un sentimiento más profundo que este cuando el pastor ha estado meses o años ayudando a una familia con sus necesidades y sus miembros se van enojados con él. Mientras más pequeña es la iglesia, más se nota. Algunos por decisiones razonables, pero otros de una manera imprudente. "Me voy, porque queremos algo más espiritual". "Mis necesidades no se están satisfaciendo en esta iglesia". Estos comentarios parecieran un rechazo personal. Por la gracia de Dios seguimos el ejemplo de Jesucristo, quien también se sintió rechazado, pero terminó victorioso.

La Traición. Confiarles a algunos líderes de la iglesia nuestras cargas personales muchas veces nos puede perjudicar; acordémonos del beso de Judas. Hay estadísticas en internet que muestran un porcentaje alto de conflicto entre feligreses que crea divisiones entre el pastor y otros miembros. Una de las recomendaciones que ofrezco es algo que me ayudó a mí en mi práctica ministerial. Siempre procuré escoger uno o dos presbíteros de mi distrito, como mis mentores personales.

La Soledad. ¿Quién es mi amigo? ¿En quién puedo confiar? Las amistades verdaderas son cruciales para una vida plena, en especial para el bienestar de un pastor. *Mejor es un amigo cerca que un hermano lejos* (Proverbios 27:10). Muchas veces carecemos de amigos que nos levanten cuando estamos caídos.

La Crítica. Los pastores pueden ser criticados por mucha gente y por una infinidad de cosas: "La música está muy fuerte". "La adoración es muy corta o es muy larga". "Los sermones no son profundos. Son muy largos". "Pastor, ¿necesito hablar un minutito con usted?". Esta simple petición puede causar en la mente del pastor este pensamiento: "Ay, Señor, y ahora, ¿qué hice?". Nosotros debemos encontrar la forma de no tomarla tan a pecho y aprender que algunas verdades pueden estar escondidas detrás de la crítica.

Gracias a Dios que, en medio de tanta negatividad, Él interviene como nuestro Pastor:

*Meditación Salmo 23 - Salmo de David*
**23** Jehová es mi pastor; nada me faltará.
² En lugares de delicados pastos me hará descansar;
Junto a aguas de reposo me pastoreará.
³ Confortará mi alma;
Me guiará por sendas de justicia por amor de su nombre.
⁴ Aunque ande en valle de sombra de muerte,
No temeré mal alguno, porque tú estarás conmigo;
Tu vara y tu cayado me infundirán aliento.
⁵ Aderezas mesa delante de mí en presencia de mis angustiadores;
Unges mi cabeza con aceite; mi copa está rebosando.
⁶ Ciertamente el bien y la misericordia me seguirán todos los días de mi vida,
Y en la casa de Jehová moraré por largos días.

https://www.biblegateway.com/passage/?search=salmos%2023&version=RVR1960

Este salmo ha sido mi ancla, mi guía y una compañía espiritual durante mis años de ministerio ordenado. Me ha ayudado a recordar que este camino no pertenece en su totalidad a mí, sino al que me llamó, a mi Pastor.

Aunque existen muchas metáforas para describir las diferentes actividades pastorales, en la Categoría

Deportiva utilizamos los verbos: corriendo, llegando, entrenando, peleando, disciplinando y celebrando. En la Categoría Militar utilizamos: coordinando, luchando, atacando, estratificando y/o liderando. Dios ha prometido sostenernos todos los días de nuestras vidas en la ejecución de nuestro servicio a Él, si le dejamos que continúe siendo nuestro Pastor.

Dios nos alimenta cuando tenemos hambre de Él y nos refresca cuando estamos sedientos. Cuando nuestra alma está abatida por los conflictos en la familia, en la iglesia local, en la comunidad que servimos y en nuestra denominación, Dios restaura, sana y transforma nuestras angustias y quita el dolor del alma. A pesar de todo eso somos testigos en cada una de nuestras vivencias de que Dios está con nosotros, Emmanuel.

Si buscamos las herramientas espirituales de Dios, Él nos equipará para toda buena obra. Nos ofrece vivir en adoración y oración con su presencia. Es con la unción divina que nuestra alma, la copa de nuestro ser, puede derramarse del agua que salta para la vida eterna. Las bondades y misericordia de Dios nos seguirán todos los días de nuestras vidas y en su presencia moraremos en el retiro y hasta la eternidad.

Una persona pastoreada por Jesucristo permanecerá en la sana doctrina, y su lámpara estará encendida en todo momento, mientras mantengamos aceite en ella. ¡Amén!

A mí me encantó ser pastor, me retiré en el 2019 lleno de alegría y satisfacción, aunque pasé por períodos fuertes y épocas difíciles. Por supuesto que es más fácil estar "satisfecho" cuando las cosas marchan bien, pero más que todo puedo afirmar que mi familia y yo hemos sido bendecidos por Dios durante las diferentes etapas que experimentamos juntos en el ministerio. ¡A Dios sea la gloria!

# 2. LA JUBILACIÓN: ¿POR QUÉ Y PARA QUÉ?

Aquí se presenta una gama de clasificaciones e interpretaciones de la palabra jubilación o retiro.

*Raíces de la palabra jubilación*

Es de origen hebreo. Cada cincuenta años se declaraba en Israel el año del jubileo, que traía consigo el perdón de las deudas y la libertad de los esclavos. No era un período de tristeza, sino de profunda alegría, de ahí viene la palabra júbilo, que tiene que ver con una viva alegría. Este verbo viene del hebreo לבוי (yobel = sonido de la trompeta que anunciaba el año de retirarse). En la Biblia se hace referencia a la palabra hebrea *Yobel,* en donde se utilizaba un cuerno de cordero para anunciar el inicio de un año especial dedicado a Dios, como, por ejemplo, en Levítico 25 (https://wwwsignificado-y-origen-de-la-jubilación/, 2021).

La jubilación en latín es *iubilare* (gritar de alegría), la palabra *jubilare* pudo provenir de la forma campesina de llamarse a gritos en el monte. Del griego ἰωβηλαῖος aprendemos que es *jubileo y* remite a la celebración judeocristiana del llamado Año Santo. En la cultura judía tenía un carácter sabático, no se trabajaba la tierra ni se restituían posesiones. La cultura cristiana católica heredó el jubileo y celebra el Año Santo (un año de indulgencias principalmente) cada veinticinco años e institucionalizado en Roma desde el siglo XIV(Mendoza, 2016).

¿De dónde surge el retiro laboral?

Es un derecho ganado por los reclamos de los obreros a finales de siglo XIX y principios de siglo XX en Inglaterra, Francia, España y Alemania. La clase trabajadora resultante de la revolución industrial llegaba muy maltratada en su salud luego de años de trabajo. Por lo cual los sindicatos y defensores de la clase obrera reclamaron en Europa un derecho individual para que, una vez culminada la vida laboral, el trabajador recibiera del Estado un subsidio económico para afrontar las necesidades de la vida cotidiana cuando el trabajo le faltara.[3]

El Congreso de Estados Unidos aprobó la Ley de la Seguridad Social en 1935. La Gran Depresión llamó la atención sobre los ancianos necesitados fomentando la promulgación de la normativa y la aprobación del programa. El Congreso añadió beneficios y prestaciones de supervivencia a los miembros de la familia en 1939. Disposiciones sobre la discapacidad ocurrieron en 1954 y Medicare en 1965. El Congreso ha modificado el sistema siguiendo el plan básico y el de la Seguridad Social.

El Seguro Social tiene tres sectores de pago: Retiro, Prestaciones de Supervivencia y Discapacidad. Las tres divisiones operan en la Ley Federal de Contribuciones de Seguros o impuestos de FICA, que son los fondos emparejados con los empleadores designados a la Seguridad Social y Medicare. Los trabajadores en Estados Unidos pagan impuestos sobre la renta a través de la retención de los cheques. También pagan impuestos FICA para cubrir las prestaciones de la Seguridad Social y Medicare. Con el primer pago de los impuestos, el trabajador comienza una vida de contribuciones al Seguridad Social. Las contribuciones continuarán mientras los individuos trabajen, incluso pasada la edad de jubilación. Los niños pueden recibir beneficios en el historial de trabajo de los padres, y un cónyuge puede recibir beneficios sobre la base del empleo de una esposa o marido. Todos los beneficios del Seguro Social dependen de la historia laboral de una persona que ingresará en el sistema. (Información basada en el sistema de Seguridad Social de Estados Unidos, *por: Linda Richard, en: Noviembre 20, 2021).*

Se puede decir que la jubilación surge cuando a una persona se le exime de su responsabilidad laboral después de un tiempo señalado de servicio, se retira, y es merecedora de una pensión acumulada de su pago salarial. Por la etimología de la palabra debe ser causa de júbilo y no de tristeza. La persona debe acogerse al retiro con tranquilidad, satisfacción y serenidad de una labor cumplida, hay que celebrar que nuestras deudas y contribución principales con la sociedad han sido saldadas. Esto debería alegrar a cualquiera.

¿Cuál es el acto del retiro?

Dejar un empleado de trabajar o un militar el servicio activo y recibir la pensión que le corresponde.

Una persona que se ha retirado del ejercicio de sus funciones y forma parte de la clase pasiva.

La persona que se ha retirado de la actividad laboral.

Es una etapa de cambios que requiere entre seis meses y un año de adaptación.

Es un acto administrativo marcado por el hecho de que un trabajador que se encuentra en una actividad laboral, que reporta ingresos activos, pasa a una situación pasiva de inactividad sostenido por un ingreso activo.

¿Hay alguna razón para jubilarse?

*"Ve a la hormiga, oh perezoso, mira sus caminos, y sé sabio"*, Proverbios 6:6.

Solemos decir: "el Señor proveerá", y claro que lo hará, pero debemos considerar el retiro una parte compartida con la provisión de Dios. El ejemplo del sabio Salomón, inspirado por el Espíritu Santo, nos remarca el mandato del Señor de guardar en "verano" para tener en "invierno". Hay que invertir a temprana edad en un plan de pensiones para disponer de lo necesario en el tiempo de retiro.

Recuerde que el dejar de trabajar y llegar a una cierta edad avanzada es digno de celebración. El retiro laboral es un medio a través del cual el Señor se hace presente más claramente, es nuestra responsabilidad y necesidad hacer un buen uso de este mecanismo; no solo por nuestro bien, sino también por el de aquellos a quienes más amamos, nuestras familias.

El concepto de algunas culturas religiosas sobre el NO retiro de los pastores es basado en aprendizajes errados o ideologías equivocadas de sus antepasados. Algunas congregaciones esperan que el pastor activo continúe trabajando en el ministerio de la iglesia durante toda su vida. Si tienen un pastor retirado adorando en su congregación, lo cargan de trabajo y lo siguen viendo como un recurso activo. Lamentablemente esta realidad ha sido fomentada por algunas denominaciones, pastores e iglesias. ¿Cuánto daño o beneficio podrán experimentar los pastores y las iglesias ante una situación como esta?

He tenido el privilegio de ser pastor de pastores retirados en todas mis asignaciones. Ellos fueron de mucho valor para mí y en ocasiones tuve que defenderlos y cuidarlos de la misma congregación. Mi lema siempre ha sido que el pastor y pastora retirados, no deberían tener responsabilidades en la iglesia a menos de que sea por su voluntad y libre albedrío; ellos deben ser amados y tratados con mucho respeto y admiración. En mi última asignación pastoral tenía a dos pastoras jubiladas y ellas estaban felices sirviendo en una de las áreas de trabajo de la congregación. Una de ellas cantaba en el coro y pertenecía a la Unidad de Mujeres de la iglesia. La otra fue presidenta de la Junta Administrativa o de la mesa del Pacto. La iglesia a la que Dios envía a un clérigo retirado es doblemente bendecida.

El pastor que realiza una transición exitosa del ministerio laboral hacia el ministerio servicial puede ofrecer sus servicios a Dios, después de retirarse con la misma fidelidad que cuando estaba en el ministerio a tiempo completo.

## 2.1 Teología de la jubilación

En 1960, el constructor Del Webb intentó remediar la sensación de pérdida asociada con el retiro en Sun City, Arizona, Estados Unidos. En un artículo del periódico Sun City se presentó su idea creativa: después de una vida laboral, una persona debería ser recompensada con una vida de ocio. Florida y Arizona se convirtieron en destinos asociados con la formación de culturas para ancianos que se basaban en el juego y el entretenimiento. El resultado no solo aisló a los ancianos que no querían trabajar, sino que ahora se los identificó como aquellos que tienen que trabajar muy duro para jugar y entretenerse. El aislamiento resultante de los ancianos indicaba que ahora vivimos en una cultura que cree que no tenemos ningún interés en estimular personas con sabiduría y experiencia para el mantenimiento de un buen orden social.[4] (Del E. Webb Construction Company, From Wikipedia, the free encyclopedia, s.f.).

Una de las cosas más importantes fue la creación de la Asociación Americana de Personas Retiradas (AARP), a través de esta plataforma se busca el bienestar social de la tercera edad, en la práctica los retirados se han convertido en un grupo de interés a fin de presionar al Congreso de Estados Unidos para obtener su parte justa de los recursos destinada a esta nueva generación.

Es cierto que esta historia del retiro enmarca una base política, social y financiera, pero, ¿cuál es el significado para los teólogos? Esto es de suma importancia porque nos recuerda que, aunque el retiro es afectado por los procesos políticos, sociales y económicos ambién debemos analizarlo dentro del contexto de nuestra fe.

## ¿Qué dicen los teólogos?

La ventaja de envejecer en Dios es que nos permite vivir en teología.En la sagrada escritura encontramos personas que tuvieron la oportunidad de envejecer en Dios y una de sus responsabilidades fue compartir la vulnerabilidad del cuerpo con sus hermanos y hermanas en la fe. Ellas entendieron bien que somos criaturas de Dios y que las vidas siempre se mueven hacia la muerte. En consecuencia, envejecer no nos otorga permiso para estar libres de ciertas responsabilidades, más bien invita a los ancianos a disfrutar una vida digna ante Dios para que puedan ayudar a aquellos que aún no lo son, aprender cómo vivir, envejecer e incluso a morir. Nos jubilamos de un trabajo corporal, pero no de una vida productiva y activa (https://c21northwest. com/es/comunidades-de-jubilados-en-arizona/ comunidad-de-jubilados-de-sun-city/).

Cuando hacemos teología, la mayoría de nosotros no nos podemos olvidar de lo que aprendimos del teólogo Karl Barth, padre de la Teología Sistemática (2005). Seguramente es uno de los grandes de la teología cristiana, porque descubrió que la teología no puede evitar comenzar y terminar con una verdad que solo Dios le ha dado a través de la Iglesia. Es por eso que la teología no puede aparecer como una búsqueda de la verdad total o una filosofía de la verdad general: "En la medida en que la teología se doblega ante la verdad de la revelación, comprende que las diferentes visiones del mundo que se designan como verdad son, en el mejor de los casos, solo una verdad relativa, tentativa y limitada. Más bien, la verdad teológica se encuentra en la adoración a Dios y en particular el sermón, que permite a la Iglesia servir la Palabra de Dios para que el mundo pueda escuchar una y otra vez la palabra en este tiempo y lugar, en este particular"[5] (https://reflections.yale.edu/article/test-time-art-aging/how-not-retire-theologically).

Escuchar la Palabra de Dios en un momento y lugar en particular significa, según Barth (2005), que el problema del lenguaje y la cultura siempre están a la vanguardia del trabajo teológico. Lo importante es qué forma debe tomar la Palabra para que pueda ser escuchada, ya que la Palabra de Dios sigue siendo central en la tarea teológica. Por lo tanto, la teología siempre debe comenzar y terminar con la revelación (Intervención Divina y con las Escrituras,) y no con la psicología lograda personalmente o supuestos pedagógicos, para que Dios se vuelva aprehensible.

Barth se retiró de la enseñanza, pero no pudo retirarse del tema que lo había dominado desde el principio: Jesucristo. No tuvo que terminar los dogmas porque confiaba en que los hemos de ver al final de la obra redentora de Cristo. Para Barth no había nada absoluto o terminado, a pesar de su trabajo representado por los 14 volúmenes de Dogmatics. Por eso fue un gran teólogo.

Una de las formas de hacer teología que nos enseñó John Wesley, el padre del Metodismo, fue con su sistema del Cuadrilátero Teológico, que consistía en cómo Dios se da a conocer por su revelación divina:

El Cuadrilátero Metodista

Diseñado, practicado y enseñado por John Wesley ((1703-1791), escritor, teólogo, pastor y fundador del metodismo; clérigo y evangelista inglés, líder de este movimiento de avivamiento dentro de la Iglesia de Inglaterra. Nació el 17 de junio en Epworth, Lincolnshire. Su padre, Samuel, era clérigo, y su madre, Susanna, la maestra de él y de sus 18 hermanos. Asistió a Oxford, donde fue ordenado al ministerio anglicano. A fines de 1735 viajó a América a servir como pastor a los colonos británicos en Savannah, Georgia. [6] (Jovel, 2015)·

Utilizando estas cuatro bases teológicas Wesley nos enseñó a conocer a Dios.

*Las Escrituras*
Según Wesley, los principios fundamentales de su teología se encontraban en la Sagrada Escritura, su única regla de fe. Todos sus sermones están llenos de citas bíblicas, como la expresión natural de una mente cristiana por la Palabra de Dios. Tradujo el Nuevo

Testamento del original griego para sus lectores. En su sermón *El testimonio de nuestro propio espíritu* (Obras de Wesley, Tomo I, Sermón 12, pp. 229-230), Wesley pregunta: "¿Qué regla tienen los hombres para discernir entre lo bueno y lo malo, para dirigir su conciencia?" y responde:

"La norma del cristiano respecto de lo bueno y lo malo es la Palabra de Dios, los escritos del Antiguo y Nuevo Testamentos; todo lo que los Profetas y 'los varones santos de la antigüedad' escribieron "movidos del Espíritu Santo"; toda la Escritura que ha sido 'inspirada divinamente' por Dios, y la que ciertamente 'es útil para enseñar' toda la voluntad de Dios; 'para redargüir' (contraargumentar) los errores; y para 'instruir', o educarnos, en 'justicia'" (2ª Tim. 3:16).

*La razón*

En muchos de los escritos de Wesley, la razón ocupa un lugar muy importante. Por ejemplo, en su obra *Un llamado ferviente a personas razonables y religiosas* (Obras de Wesley, Tomo VI, Defensa del Metodismo, pp.20-25), dice:

"Deseamos una religión fundada en la razón y de acuerdo a la razón; esto es, en armonía con la naturaleza de Dios y la del hombre y sus relaciones mutuas". Exhortamos encarecidamente a todos los que buscan una religión verdadera, a que hagan uso de toda la razón que Dios les haya dado, investigando las cosas de Dios. Es razonable amar a Dios, que nos lo dio todo. Es razonable amar al prójimo y hacer el bien a todos los hombres. La religión que nosotros predicamos y vivimos está de acuerdo con la más alta razón".

El afirma que este es un principio fundamental para todos los creyentes, que al renunciar a la razón significa renunciar a la religión, que la religión y la razón van de mano en mano, y que toda religión irracional es falsa.

Wesley vivió en una época racionalista y no estaba de acuerdo con los místicos que despreciaban a la razón, señalaba que el Jesús y sus apóstoles razonaban constantemente con sus enemigos y que la razón no puede engendrar la fe, ni la esperanza, ni el amor de Dios o al prójimo, pero nadie debe despreciarla porque rinde grandes servicios al clarificar los fundamentos de la verdadera religión y dirigirnos en la práctica de la vida cristiana.

La razón humana es un regalo de Dios y no hay que menospreciarla porque nos es útil para el descubrimiento y la investigación de la verdad.

*La experiencia*

Esta tercera fuente de la teología de John Wesley es tal vez la más interesante de su pensamiento.

Él encuentra en la experiencia la prueba y la confirmación del Evangelio en el corazón del ser humano. Esto no significa desmerecer la importancia o validez de las Sagradas Escrituras, ni el valor de la tradición eclesiástica. Para Wesley, el cristianismo según las Sagradas Escrituras es el de la experiencia personal.

Un sermón que nos arroja luz al respecto es *El cristianismo bíblico* (Obras de Wesley, Tomo I, pp.73-97). Nos enseña que quienes tengan estas experiencias no dudarán de la verdad del Evangelio de Dios en Cristo, de la realidad del perdón de Dios ni de la renovación sobrenatural de su vida.

A pesar de que muchas veces recurrió a los argumentos racionales, en última instancia apela a la experiencia religiosa personal, y la conciencia íntima y constante de la presencia y obra de Dios. Con esta, él presenta una nueva manera de vivir la vida cristiana y establece las bases de la teología del movimiento metodista y de la teología evangélica actual.

Después de treinta años de su experiencia de conversión, Wesley escribió en su sermón *El Testimonio del Espíritu* que "la experiencia es suficiente para confirmar una doctrina que se basa en las Escrituras" (Obras de Wesley, Tomo I, p. 224).

*La tradición cristiana*

Wesley tenía una admiración muy particular por los padres de la Iglesia, desde Clemente de Roma hasta Cipriano, que corresponden a los tres primeros siglos de la Iglesia cristiana, porque ellos dan testimonio de su experiencia personal del evangelio. El consideró valioso el aporte de la Reforma protestante del siglo XVI, ya que desde esa perspectiva la Iglesia Anglicana elaboró el Libro de Oración Común, los 39 Artículos de Fe y las Homilías.

A pesar de que las fuentes básicas de la teología de John Wesley son cuatro, las Sagradas Escrituras, la razón, la experiencia religiosa y la tradición eclesiástica, las principales fueron dos: Las Sagradas Escrituras y la experiencia religiosa del creyente.

Según Wesley, la razón ejerce cierta función crítica y reguladora en la reflexión, por ejemplo, la creación natural ofrece al ser humano cierto material para la reflexión filosófica y la tradición eclesiástica tiene hermosos tesoros que no deben despreciarse; pero la fuente principal son las Sagradas Escrituras, interpretadas y confirmadas por la experiencia del creyente cristiano (https://www.christianitytoday.com/history/issues/issue-2/john-wesleys-rule-for-christian-living.html).

*Inciso B*

Una aventura interminable es nuestra relación con Dios, por lo tanto, mientras más vivimos más conocemos a Dios y de eso trata la teología. El trabajo de la teología nunca se puede hacer solo o sola, sino en comunidad. Hacemos teología mientras estemos relacionándonos con Dios y con la creación.

## 2.2 ¿Qué nos enseña Dios sobre el retiro?

Antiguo Testamento

En el libro de Josué, capítulo 14: 6-15 se presenta el perfil de un jubilado con conciencia y de la etapa en que se encuentra.Caleb recibe Hebrón: <sup>6</sup> y los hijos de Judá vinieron a Josué en Guilgal; y Caleb, hijo de Jefone cenezeo, le dijo: *Tú sabes lo que Jehová dijo a Moisés, varón de Dios, en Cades-barnea, tocante a mí y a ti.*<sup>7</sup> *yo era de edad de cuarenta años cuando Moisés siervo de Jehová me envió de Cades-barnea a reconocer la tierra; y yo le traje noticias como lo sentía en mi corazón.* <sup>8</sup> *y mis hermanos, los que habían subido conmigo, hicieron desfallecer el corazón del pueblo; pero yo cumplí siguiendo a Jehová mi Dios.* <sup>9</sup> Entonces Moisés juró diciendo: *Ciertamente la tierra que holló tu pie será para ti, y para tus hijos en herencia perpetua, por cuanto cumpliste siguiendo a Jehová mi Dios.* <sup>10</sup> *Ahora bien, Jehová me ha hecho vivir, como él dijo, estos cuarenta y cinco años, desde el tiempo que Jehová habló estas palabras a Moisés, cuando Israel andaba por el desierto; y ahora, he aquí, hoy soy de edad de ochenta y cinco años.* <sup>11</sup> *todavía estoy tan fuerte como el día que Moisés me envió; cual era mi fuerza entonces, tal es ahora mi fuerza para la guerra, y para salir y para entrar.* <sup>12</sup> *dame, pues, ahora este monte, del cual habló Jehová aquel día; porque tú oíste en aquel día que los anaquitas están allí, y que hay ciudades grandes y fortificadas. Quizás Jehová estará conmigo, y los echaré, como Jehová ha dicho.* <sup>13</sup> Josué entonces le bendijo, y dio a Caleb hijo de Jefone a Hebrón por heredad. [14] por tanto, Hebrón vino a ser heredad de Caleb hijo de Jefone cenezeo, hasta hoy, por cuanto había seguido cumplidamente a Jehová Dios de Israel. [15] Mas el nombre de Hebrón fue antes Quiriat-Arbá; porque Arbá fue un hombre grande entre los anaquitas. Y la tierra descansó de la guerra".[7]

Caleb visita a Josué durante el proceso de repartición de la tierra, en esos primeros años de la conquista cananea, para pedir que se cumpliera con una promesa que Moisés le había hecho. Lo interesante es que Caleb tenía ochenta y cinco años en ese momento, pero sus anhelos de que se cumpliera la promesa estaban claros y firmes.

Una edad avanzada puede restar vigor físico, pero los ideales, el tesón y la pasión no tienen edad. Son los sistemas políticos y a veces las Iglesias que se empeñan en determinar la productividad de las personas. En muchas ocasiones desvaloran a las que se retiran de sus empleos o ministerios haciéndolas sentir invisibles y confinándolas en un círculo.

En su libro *On Not Leaving It to the Snake* (1967), el teólogo y profesor jubilado de Harvard Harvey Cox dice que el problema mayor del ministerio es la indolencia y autocomplacencia. Según Cox, en la narrativa de la caída en Génesis 3: 1ss, se sugiere que Eva toma del fruto prohibido cuando rinde su posición de autoridad y responsabilidad a un animal, la "serpiente", a la que permite que le diga qué hacer. De esta misma forma, cuando permitimos a la indolencia y a la autocomplacencia que nos digan lo que debemos hacer fracasamos y detenemos los propósitos de Dios en nosotros. El retiro es un período de resistencia frente a diversas voces que pretenden quitar nuestra autoridad y responsabilidad, diciéndonos lo que podemos o no podemos hacer.[8] (Cox, 1967).

Veamos cuál es el caso en 1 Samuel 12:

*Ahora, pues, he aquí vuestro rey va delante de vosotros. Yo soy ya viejo y lleno de canas; pero mis hijos están con vosotros, y yo he andado delante de vosotros desde mi juventud hasta este día.* 1 Samuel 12:2 Reina-Valera 1960.

Samuel, ya anciano, y después de entregar todo el poder al joven rey Saúl, decide partir al retiro. De su discurso final puedo sacar algunas conclusiones de lo que significa llegar a la jubilación con regocijo (con júbilo):

*Aquí estoy; atestiguad contra mí delante de Jehová y delante de su ungido, si he tomado el buey de alguno, si he tomado el asno de alguno, si he calumniado a alguien, si he agraviado a alguno, o si de alguien he tomado cohecho para cegar mis ojos con él; y os lo restituiré.* 1 Samuel 12:3. *Tomado de* John 1:1 (LBLA) - Biblia.com Reina-Valera 1960.

Una vida recta y una conciencia tranquila es el mayor bien con que alguien puede partir a un retiro con júbilo. Samuel había vivido buscando una vida irreprensible, pero no por eso perfecta. Antes de partir quería irse en paz con Dios y con los demás. He aprendido que no hay personaje público que no haya pasado por el proceso de evaluar sus años de trabajo y testificar de sus momentos fuertes y débiles.

Ellos respondieron: *Tú no nos has defraudado, tampoco nos has oprimido, ni has tomado nada de mano de ningún hombre.* 1 Samuel 12:4. Reina-Valera 1960.

Solo se puede entrar con gozo (júbilo) en el retiro cuando llegamos reconciliados con Dios, con nosotros mismos y con nuestro prójimo.

*Así que, lejos sea de mí que peque yo contra Jehová cesando de rogar por vosotros; antes os instruiré en el camino bueno y recto. Solamente temed a Jehová y servidle de verdad con todo vuestro corazón, pues considerad cuán grandes cosas ha hecho por vosotros.* 1 Samuel 12:23-24. Reina-Valera 1960.

El retiro del trabajo eclesiástico en ningún modo significa retirarse de nuestra relación con Dios ni con su pueblo; sino que estamos para sostener la obra con una carretilla de oraciones y con un saco de experiencia. Samuel, aunque anciano, no había perdido el amor y la pasión por su pueblo.

En la época de Moisés, los hombres mayores se debilitaban física y espiritualmente por hacer lo que les tocaba a los hombres más jóvenes.

Cuando los levitas que trabajaban en el templo cumplían los cincuenta años se les asignaban tareas más apropiadas a su condición y habilidades: custodio, orientador, ayudador, entrenador, alentador para guardar el plan de Dios con su pueblo y como mentores de los más jóvenes.

²³ Luego habló Jehová a Moisés, diciendo: *²⁴ Los levitas de veinticinco años arriba entrarán a ejercer su ministerio en el servicio del tabernáculo de reunión. ²⁵ pero desde los cincuenta años cesarán de ejercer su ministerio, y nunca más lo ejercerán.²⁶ Servirán con sus hermanos en el tabernáculo de reunión, para hacer la guardia, pero no servirán en el ministerio. Así harás con los levitas en cuanto a su ministerio.* Números 8: 23-26, Reina-Valera 1960.

## Nuevo Testamento

En el año 57 después de Cristo, el apóstol Pablo ya anciano, le escribe a la Iglesia de Roma al concluir su tercer viaje misionero. En edad de retirarse sigue dando testimonio y declaraciones que no demuestran que hubiese terminado; al contrario, se encuentra en una etapa de transición hacia un nuevo y renovador ministerio en España.

*19 con potencia de señales y prodigios, en el poder del Espíritu de Dios; de manera que, desde Jerusalén, y por los alrededores hasta Ilírico, todo lo he llenado del evangelio de Cristo.* Romanos 15:19, Reina-Valera 1960.

Ahora Pablo anhelaba continuar su ministerio con un nuevo enfoque y busca disfrutar (con júbilo) juntos a sus seres queridos. Si alguien tenía conciencia de su condición como anciano era el apóstol:

*Más bien te ruego por amor, siendo como soy, Pablo ya anciano, y ahora, además, prisionero de Jesucristo.* Filemón 1:9.

Dice Romanos 15:22-24, Reina-Valera 1960:

*22Por esta causa me he visto impedido muchas veces de ir a vosotros. 23 pero ahora, no teniendo más campo en estas regiones, y deseando desde hace muchos años ir a vosotros, 24 cuando vaya a España, iré a vosotros; porque espero veros al pasar, y ser encaminado allá por vosotros, una vez que haya gozado con vosotros.*

Pablo estaba obsesionado en tener un buen final (jubilación). Veía la vida como una carrera. Al encontrarse con sus amados ancianos de Éfeso por última vez dijo: Hechos 20:24, Reina-Valera 1960: *24 Pero de ninguna cosa hago caso, ni estimo preciosa mi vida para mí mismo, con tal de acabar mi carrera con gozo, y el ministerio que recibí del Señor Jesús, para dar testimonio del evangelio de la gracia de Dios.*

Pablo desafiaba a los creyentes de Corinto a correr (la carrera) de tal manera que obtengan el premio. Qué gozo invadió su corazón cuando testificó al final de su jornada laboral en su jubilación:

*7 He peleado la buena batalla, he acabado la carrera, he guardado la fe. 8 por lo demás, me está guardada la corona de justicia, la cual me dará el Señor, juez justo, en aquel día; y no solo a mí, sino también a todos los que aman su venida.* 2 Timoteo 4:7-8, Reina-Valera 1960.

Qué más emocionante que jubilarse con la alegría de la salvación y esperando la segunda venida de nuestro Señor.

¿Qué fue lo que motivó al apóstol Pablo a proseguir hasta el final? Quizá lo mismo que motivó a Daniel y sus tres compañeros, Sadrac, Mesac y Abednego a fijar sus ojos en Dios y ser suyos hasta el final, sin importar las consecuencias. A David, José, los apóstoles, Bernabé, y miles de seguidores de Cristo que han influenciado y marcado la vida de los que los hemos estudiado.

Terminar bien no significa alcanzar la perfección, sino como Pablo, proseguir hasta el final para que cuando éste llegue, nos encontremos aun creciendo en amor e intimidad con Cristo.

Me gusta el enfoque del Apóstol cuando nos insta a esforzarnos a terminar bien el ministerio, que es llegar al final con una continuación en crecimiento del amor e intimidad con Cristo; eso es vida, testificando a Cristo, viviendo como sus discípulos y amando a las personas que Dios pone en nuestro camino.

Pablo señala nueve mandamientos que nos ayudarán a llegar al retiro con alegría (con júbilo).

Primera de Tesalonicenses 5:14-22:

*Les exhortamos, hermanos, a que amonesten a los indisciplinados, animen a los desalentados, sostengan a los débiles y sean pacientes con todos.*

*Miren que ninguno devuelva a otro mal por mal, sino que procuren siempre lo bueno los unos para con los otros, y para con todos.*

*Estén siempre gozosos.*

*Oren sin cesar.*

*Dad gracias en todo, porque esta es la voluntad de Dios para ustedes en Cristo Jesús.*

*No apaguen al Espíritu.*

*No desprecien las profecías.*

*Examínenlo todo cuidadosamente, retengan lo bueno.*

*Absténganse de toda forma de mal.*

Pero esto no es todo. El apóstol Pablo nos echa la bendición para que lleguemos al final con dignidad y júbilo en 1 Tesalonicenses 5:23-24, Reina-Valera 1960. *[23] Y el mismo Dios de paz os santifique por completo; y todo vuestro ser, espíritu, alma y cuerpo, sea guardado irreprensible para la venida de nuestro Señor Jesucristo. [24] fiel es el que os llama, el cual también lo hará.*[9]

Versículos bíblicos para los jubilados

Tomado de Versión Reina Valera Contemporánea:

Jeremías 29:11 - Solo yo sé los planes que tengo para ustedes. Son planes para su bien, y no para su mal, para que tengan un futuro lleno de esperanza.

Hechos 20:24 - Pero de ninguna cosa hago caso, ni estimo preciosa mi vida para mí mismo, con tal que acabe mi carrera con gozo, y el ministerio que recibí del Señor Jesús, para dar testimonio del evangelio de la gracia de Dios.

Números 8: 23-26 - El Señor habló con Moisés y le dijo:

Los levitas mayores de veinticinco años entrarán a ejercer su ministerio en el servicio del tabernáculo de reunión. Pero al cumplir cincuenta años dejarán de ejercer su ministerio, y no volverán a ejercerlo. Servirán con sus hermanos en el tabernáculo de reunión, y harán guardias, pero no podrán ejercer más su ministerio. Esto harás con los levitas en cuanto a su ministerio.Lucas 1:23 - Cuando terminaron los días de su ministerio, Zacarías se fue a su casa.

Proverbios 13:22 - Es bueno dejar herencia a los nietos; las riquezas del pecador las hereda el hombre justo.

Salmos 92:12-14 - Los justos florecerán como las palmeras; crecerán como los cedros del Líbano. Serán plantados en la casa del Señor, y florecerán en los atrios de nuestro Dios. Aun en su vejez darán frutos y se mantendrán sanos y vigorosos.

Segunda Timoteo 4:7 - He peleado la buena batalla, he acabado la carrera, he guardado la fe.

Primera Timoteo 6: 17-19 - A los ricos de este siglo mándales que no sean altivos, ni pongan su esperanza en las riquezas, las cuales son inciertas, sino en el Dios vivo, que nos da todas las cosas en abundancia para que las disfrutemos. Mándales que hagan el bien, y que sean ricos en buenas obras, dadivosos y generosos; que atesoren para sí mismos un buen fundamento para el futuro, que se aferren a la vida eterna.

Filipenses 1: 6 - Estoy persuadido de que el que comenzó en ustedes la buena obra, la perfeccionará hasta el día de Jesucristo.

Eclesiastés 3: 1-10 - Todo tiene su tiempo. Hay un momento bajo el cielo para toda actividad ...

Salmos 90: 16-17 - ¡Haz que tus obras se manifiesten en tus siervos, y que tu gloria repose sobre sus hijos!

Salmos 37:25 - Joven fui, y ahora soy viejo; pero no he visto al justo abandonado, ni a su descendencia mendigando pan.

Hebreos 6:10 - Porque Dios es justo, y no olvidará el trabajo de ustedes y el amor que han mostrado hacia Él mediante el servicio a los santos ...

Nehemías 5:19 - Dios mío, te ruego que no te olvides de mí, ni de todo lo que he hecho por este pueblo.Lucas 14:28 - Porque, ¿quién de ustedes que quiera levantar una torre, no se sienta primero a calcular los costos, para ver si tiene todo lo que necesita para terminarla?

1Samuel 12:2 - Ahora, aquí está el rey que va delante de ustedes. Yo ya soy viejo y lleno de canas, y mis hijos son parte suya. Yo he andado delante de ustedes desde mi juventud hasta hoy.Proverbios 20:29 - La gloria de los jóvenes es su fuerza, y la hermosura de los ancianos es su vejez.Salmo 71:9 - No me deseches en el tiempo de la vejez; no me desampares cuando mi fuerza se acabe ... Proverbios 16:31 - Corona de honra es la vejez que se halla en el camino de justicia. Isaías 46:4 - Y hasta la vejez yo mismo, y hasta las canas os soportaré yo; yo hice, yo llevaré, yo soportaré y guardaré.

Salmo 121:8 - Jehová guardará tu salida y tu entrada desde ahora y para siempre.Filipenses 4:19 - Y mi Dios proveerá a todas vuestras necesidades, conforme a sus riquezas en gloria en Cristo Jesús. Isaías 26:3 - Tú guardarás en completa paz a aquel cuyo pensamiento en ti persevera; porque en ti ha confiado.

Lucas 12:24 - Considerad los cuervos, que ni siembran, ni cosechan, ni tienen almacén ni granero, y Dios los alimenta. ¡Y cuánto más valen ustedes que las aves!

# 2.3 ¿Qué nos enseñan nuestros antepasados?

Los que terminaron bien la carrera ministerial:

*Tenían un objetivo y una perspectiva clara.*

El tener un compromiso claro con Dios, que nos llamó a caminar un día a la vez, debe ser uno de los objetivos principales. Esta perspectiva incluye ver el contexto más amplio de la circunstancia presente y relacionar lo que está sucediendo con el panorama a largo plazo. Con una perspectiva clara y adecuada uno puede centrar su atención en lo importante y prioritario; sin ella uno puede perder de vista el objetivo.

La perspectiva es como el dibujo en una caja de rompecabezas. Sin una meta clara en nuestra vida la tendencia será no canalizar nuestras energías y caer en la mediocridad, hacer un poco de todo y no ser eficaces en nada. Aquellos líderes que se mantienen productivos encuentran satisfacción y contagian a otros a unirse en su caminar.

El apóstol Pablo nos exhortó con su práctica ministerial a tener una perspectiva clara concentrada en una meta, Cristo.

La perspectiva viene a través de la experiencia y de la meditación en la presencia de Dios. Asaf, el escritor del Salmo 73, se desanimaba al ver que los malos prosperaban y que él no era recompensado en sus esfuerzos por mantenerse puro. Reina-Valera 1960:

*14 "Pues he sido azotado todo el día, Y castigado todas las mañanas. 16 cuando pensé para saber esto, fue duro trabajo para mí. 17 Hasta que, entrando en el santuario de Dios, comprendí el fin de ellos.*

La verdadera perspectiva viene de la Palabra de Dios y de su Santo Espíritu.

*Vivían en intimidad y renovación interior con Cristo.*

La intimidad con Cristo es lo que llena nuestro ser interior. Salomón, el rey de Israel, escribió: *23 Sobre toda cosa guardada, guarda tu corazón; porque de Él mana la vida.* Proverbios 4:23, Reina-Valera 1960.

Pablo decía que había que conocer a Cristo íntimamente. Filipenses 3:10 Reina-Valera 1960:

*10 a fin de conocerle, y el poder de su resurrección, y la participación de sus padecimientos, llegando a ser semejante a Él en su muerte.*

En Juan 14, Cristo nos asegura que, si obedecemos los mandamientos de Dios, Él nos amará y nos revelará más de sí mismo. Mateo 11 nos invita a unirnos enyugados con Cristo, a obedecerle y trabajar en unión con Él.

Si nos mantenemos íntegros con Cristo y abiertos a la dirección del Espíritu Santo, nuestras vidas se refrescarán y se renovarán para terminar nuestro caminar ministerial con alegría, aunque como dicen en el lenguaje deportivo "con el segundo aliento".

Cuando Dios me llamó de la Iglesia Metodista Unida de Puerto Rico a trabajar afiliado con la Iglesia Metodista Unida de New York comencé a trabajar en ministerios bilingües y con comunidades multiculturales. En busca de mejorar mi inglés, me matriculé en un curso de dos años para pastores y pastoras en Nashville Tennessee conocido como la Academia de Predicadores ofrecido por la Iglesia Metodista Unida. En ese grupo, que nos reuníamos dos veces al año, conocí a un anciano pastor retirado, que llegaba a clase siempre sonriente e irradiando paz, Todos los días decía: "hoy es el mejor día de mi vida". Esto me intrigó mucho, trataba de entender la motivación y alegría de mi compañero pastor. El último semestre estudiamos las predicaciones de Jesús, en el lugar donde lo pronunció; viajamos a Israel. Utilizando la biblia como GPS o mapa y en compañía de mi hermano pastor jubilado le pregunte de dónde emanaba tanta paz y alegría y me contestó: "Dios se acercó a mí y ha caminado conmigo antes, durante y después del ministerio ordenado y cada día vivo más cerca de Él". Este es solo un ejemplo de muchos pastores y pastoras que ustedes conocen que han caminado con Dios y nos han inspirado. Luego de regresar de Israel, nuestro pastor jubilado se mudó a vivir con nuestro Señor Jesucristo. ¡Amén!

Jesucristo nos dio el mejor ejemplo sobre la disciplina de oración espiritual:

Pero no se haga mi voluntad, sino la tuya (Lc. 22:42).

Porque yo hago siempre lo que le agrada (Jn. 8:29).

Pero le conozco y guardo su palabra (Jn. 8:55).

Ahora está turbada mi alma, ¿y qué diré? ¿Padre, sálvame de esta hora? Mas para esto he llegado a esta hora. Padre, glorifica tu nombre (Jn. 12:27-28).

Porque yo no he hablado por mi propia cuenta, el Padre que me envió, Él me ha dado mandamiento de lo que he de decir, y de lo que he de hablar (Jn. 12:49).

Yo te he glorificado en la tierra, he acabado la obra que me diste que hiciese (Jn. 17:4).

### Se mantenían practicando disciplinas espirituales

Los pastores, como todo cristiano, vivimos en disciplina con Dios. El diccionario define la disciplina como un "entrenamiento que produce control propio, carácter y eficiencia".

A través de mis viajes misioneros y de mis experiencias pastorales en New York aprendí sobre otra etapa de la disciplina; que cuando se trabaja con gente de otras culturas debo aplicar lo que dice en 1 Corintios 9.19-23 Reina-Valera 1960 (RVR1960):

[19] *Por lo cual, siendo libre de todos, me he hecho siervo de todos para ganar a mayor número.* [20] *Me he hecho a los judíos como judío, para ganar a los judíos; a los que están sujetos a la ley (aunque yo no esté sujeto a la ley) como sujeto a la ley, para ganar a los que están sujetos a la ley;* [21] *a los que están sin ley, como si yo estuviera sin ley*

*(no estando yo sin ley de Dios, sino bajo la ley de Cristo), para ganar a los que están sin ley. [22] Me he hecho débil a los débiles, para ganar a los débiles; a todos me he hecho de todo, para que de todos modos salve a algunos. [23] Y esto hago por causa del evangelio, para hacerme copartícipe de él.*El pastor, pastora y la iglesia necesitan identificarse con la comunidad social, cultural, cívica, deportiva, de salud, de emergencia o seguridad, educativa y otras. Todo el propósito es representar a Cristo y colaborar con ellos para el bien de todos.

¿Cuáles son las áreas que usted considera importantes para enriquecer su vida interior y crecimiento espiritual? ¿Qué es lo que alimenta su intimidad con Cristo? La disciplina personal debe tener el propósito de infundir el amor al crecimiento, el amor al ministerio, y el amor a Cristo. La disciplina contribuirá al crecimiento y lo capacitará para responder a la gracia de Dios y a la dirección del Espíritu Santo.

*-Tenían siempre una actitud de aprendizaje, aunque fueran maestros.*

Un número significativo de personas deja de aprender a la edad de cuarenta años. Con esto quiero decir que no se empeñan más en adquirir sabiduría, entendimiento y experiencia para mejorar su calidad de vida y contribuir al beneficio de los demás. La mayoría simplemente se queda con lo que ya sabe, pero los que llegan a un buen final mantienen una actitud de aprendizaje activa y positiva durante toda su vida.

Mantener una perspectiva clara nos ayudará a identificar que debemos aprender para continuar desarrollándonos y proseguir alcanzando nuestras metas. La amistad con personas que valoran el seguir aprendiendo es provechosa y de gran ayuda, exponerse a situaciones nuevas y variadas estimulará nuestro deseo de aprender.

*-Se relacionaban con personas que influenciaban su vida (Mentores).*

Los roles de los pastores y pastoras son diversos, pero llenos de Experiencia, dones y cumplimiento de un llamado; en muchas ocasiones no han sido bien reconocidos ni bien ubicados. Déjeme ofrecerles un ejemplo de cómo nuestros pastores jubilados pueden ser útiles en nuestras congregaciones como mentores:

- Los mentores proveen orientación para las decisiones importantes de la vida.
- Son conscientes de la necesidad de experiencias de renovación y pueden ayudar a discernirlas.
- Los mentores pueden detectar y prevenir malos hábitos y el caer en la tentación del abuso de poder y autoridad.
- Los colegas y mentores pueden servir de estímulo y ayudarnos a ser responsables en lo personal y en nuestra diaria relación con Cristo.
- Los colegas y mentores ayudan a desarrollar disciplinas correctas con nuevas perspectivas.
- Los colegas y mentores modelan los valores y actitudes positivas de aprendizaje.

- Los mentores pueden señalar el estancamiento y estimular el aprendizaje.
- La mentoría es solo una de las muchas gorras que puede usar un pastor y pastora jubilados.[10]

La teología de la jubilación nos enseña que Dios, que es justo y fiel, provee nuevos líderes para sustituirnos de nuestras labores pastorales. Utilizando un concepto del deporte, si observamos el ministerio pastoral como una carrera debe ser una de relevo, somos miembro de un solo equipo, pero nos toca esperar con paciencia nuestro tiempo en vela y expectativa, estar siempre listo para recibir el batón; al tenerlo, a correr se ha dicho, comienza nuestra carrera asignada y luego llega el momento de pasar el batón a tiempo al próximo miembro de nuestro equipo para que continúe. Al final no habrá un solo ganador, sino que todos celebraremos la victoria.

## 2.4 ¿Qué nos enseña la psicología?

"Como una caída del caballo". Así dice el psicólogo (Silveira M., 2014), conocido por muchos al contribuir en la reforma de las pensiones de España. Allá se eleva la edad de jubilarse a los sesenta y siete años -a no ser que a los sesenta y cinco la persona ya tenga treinta y ocho años de trabajo cotizados-. "Después de estar toda una vida en un trabajo (el caballo) llega el momento de dejarlo (la caída) y cambiar de actividad". "No es fácil para nadie", reconoce este experto, del Colegio de Psicólogos de Asturias, Madrid-España, para quien, "el aumento de la edad no tendrá mayor repercusión sobre el estado de ánimo o la salud porque son otras variables las que más afectan. Retirarse del trabajo no significa retirarse de la vida".

Debemos prepararnos para el retiro, como dice un refrán campesino que aprendí en Puerto Rico: "una persona preparada vale por dos" y también: "Si quieres tener algo cuando seas viejo, debes conseguirlo cuando seas joven".

El psicólogo Miguel Silveira (2014) define el retiro como una caída de un caballo, yo creo que con buena preparación podemos desmontar con elegancia. Mi esposa Ithamar y yo programamos el retiro en el mismo año, ella de enfermera escolar y yo de clérigo ordenado. ¡Gracias a Dios!, lo logramos, es otra de mis razones para vivir con júbilo.

El retiro enmarca un período de cambio que afecta nuestra economía, el factor tiempo, las relaciones personales y familiares, requiere un tiempo de adaptación, como explica la psicóloga (Ortiz, 2016), del Colegio Oficial de Psicólogos de Madrid. "El retiro es un momento de riesgos, pero también de oportunidades". El candidato a retiro se tiene que preparar para el cambio que va a experimentar especialmente en la relación con su pareja. Deben aprender a convivir de nuevo, construyendo otra vez una vida juntos.

Quien ha vivido por y para trabajar se deprimirá más que quienes no han centrado por completo su vida en el trabajo, todos ellos tienen que adaptarse a dejar de vivir sometidos a un reloj y/o a un calendario. A partir de entonces van a tener que manejar sus vidas desde otra perspectiva con todo el tiempo del mundo y decidir cómo llenar su nuevo calendario.[11]

Aquellos que han participado del retiro espiritual "Los Caminantes a Emaús" / "Walk to Emmaus", "Cursillos", "Tres Días" o "Kairos" han experimentado lo que es vivir tres días sin un reloj ni controlar un programa. Es que la experiencia de estos es ayudarte, a vivir esos tres días solo en la presencia de Dios. Muchos pastores y laicos también han vivido en lo personal la disciplina espiritual de meter el tiempo humano (Cronos) en el tiempo de Dios (Kairos).

Muchos de nosotros hemos escuchado sobre casos de retirados que entran en crisis. Cuántos han venido a la oficina del pastor para contar que en dos meses de retirados ya no pueden vivir junto a sus cónyuges. Una señora me dijo un día que ya no soportaba a su marido; porque desde que se retiró quería estar todo el día en pijama. Otra me comenta que su esposo no quiere afeitarse y un hombre me dice que su esposa solo quiere viajar todo el tiempo desde su jubilación. Mediante una buena planificación, compresión y presupuesto, ambos se pueden satisfacer y disfrutar de la bendición que es el retiro.

Según (Clayton, 2008), en su libro Called for life: finding meaning in retirement, Dice que la jubilación forma parte de la totalidad de nuestra vida en relación con el llamado de Dios. El llamado no concluye con el retiro, sino que se extiende a lo largo de sus años. Si bíblicamente el llamado pastoral es la invitación divina a bendecir el mundo con nuestra vida personal, el retiro es un llamado divino para extender esa bendición de Dios, a la familia, más allá de los compromisos eclesiásticos (de la iglesia local y la denominación)."[12]

Desde el punto de vista ministerial, retirarse saludablemente debe ser la meta profesional más alta. El poder llegar al retiro indica que hemos terminado honrosamente nuestro ministerio laboral de servicio a Dios a través de su Iglesia. Debemos celebrar con acción de gracias y gran regocijo (Júbilo) nuestro legado, los logros, el producto de esos años de servicios y esfuerzos. Pensar en cuántas personas pudimos tocar con el amor de Dios y poder contar nuestra historia para el beneficio de las nuevas generaciones.

Comenta (Caraballo-López, 2016) en uno de sus escritos, que el retiro es la gran oportunidad de explorar las "carreteras no transitadas". Es en esta etapa en donde las iniciativas y proyectos no considerados o no realizados con anterioridad debido a las responsabilidades ministeriales puedan ser retomados y convertidos en fuentes de bendición. Estudiar sin la presión de un grado académico o de certificaciones obligatorias puede ser una opción. Ayudar a otras denominaciones e iglesias, colaborar con organizaciones sin fines de lucro y pertenecer a instituciones, que limitaciones anteriores de tiempo no lo permitían, son oportunidades que deben ser aprovechadas.

Recordemos que el retiro no es un tiempo que limita el servicio a Dios, sino que es un tiempo para servir a Dios de la manera más desprendida. Cuántas Navidades o Cuaresmas estuvimos lejos de nuestros padres y/o familiares, pero el retiro nos ofrece la oportunidad de celebrar con ellos.

La transición es una fase en la cual los eventos, imprevistos y cambios, alteran nuestras posiciones de liderazgo, relaciones interpersonales, planes, proyecciones y rutinas, pero celebramos que usted es el único individuo que retiene el control sobre su programa y de la habilidad para ajustarlo de acuerdo a la necesidad inmediata.[13]

# 3. IGLESIAS Y PLANIFICACIÓN DE PENSIONES (JUBILACIONES)

Existen algunos problemas en los pasos que se toman para asegurar que estamos listos y bien preparados para la jubilación. Pero también existe la gran red de alternativas y visión de lo que está por venir que necesita nuestra atención. La planificación revela su propio éxito y hay numerosos beneficios.

Necesitamos creer que la jubilación es de Dios; el 99% de las personas cree en descansar de su trabajo, pero, ¿qué pasa si, cuando llegamos allí, no nos gusta lo que experimentamos? Dios sabe que necesitamos el retiro, pero también sabe que debemos hacer nuestro trabajo de preparación para que podamos estar jubilosamente satisfechos y alegres.

"No planificar la jubilación es fracasar en algo que nos llega a todos incluyendo la edad avanzada. Dios ordenó la jubilación y debemos creer que vino de Él. Dios quiere que todos reciban el regalo de la jubilación, por lo que todos debemos hacer el trabajo para prepararnos para tal bendición de Dios a fin de cumplir con todo lo que Él tiene para nosotros". S. J. Wickham (2013).

A principios de los años ochenta, John F. Wickham, S.J. (2009) se convirtió en el director del Centro de Espiritualidad Ignaciana de Montreal para esa década, en este Centro fue donde realizó el ministerio de retiros a tiempo completo. Se dedicó a dar talleres, predicar en retiros, a dar dirección espiritual formando futuros directores espirituales y facilitando trabajo en equipo.[14] (McGehee). https://www.biblia.work/sermones/adios-a-un-pastorado/

Cada pastor puede planear cómo terminar su ministerio: lo puede concluir de una manera optimista, positiva y redentora, o de un modo pesimista, destructivo y antagónico, de él depende la elección, y vivirá con ella por el resto de su vida.

El pastor debe jubilarse con la seguridad de que ha demostrado valentía en un momento crucial para su propia vida, la vida de su familia y la de la iglesia. Como dijo Federico McGehee: "El Pastor necesita sentirse capaz de poder decir: He tomado la iniciativa de dejar las relaciones de la mejor manera posible. Todos sabemos que ya no soy el pastor, pero sabemos que somos amigos". McGehee es el asesor del Consejo de Escuela Dominical de la Convención Bautista del Sur[15] (Dalton, 2018).

## Iglesia Episcopal

En 1914, mientras la Iglesia Episcopal luchaba por crear un sistema de pensiones para el clero, el obispo William Lawrence argumentó que cuidar a los ministros ancianos era una responsabilidad moral y esencial para el futuro de la Iglesia y que a menudo el clero se aferraba a las iglesias que, en lugar de depender de la caridad, proporcionaban pensiones. Esto lo colocaba y a sus dependientes en una posición de mucho más dinamismo, alegría y dignidad.

Al igual que las demandas seculares, muchos clérigos que no prestaron atención a los asuntos de planificación financiera, ahora se encuentran en medio de una triste realidad: los presupuestos eclesiásticos son cada vez más reducidos y con una economía pobre a tal grado que se ven obligados a trabajar más allá de las edades tradicionales de jubilación [16] (https://extranet.generalconvention. org/staff/files/download/20941, s.f.).

Iglesia de Cristo en Texas

Los investigadores James Knapp y Jennifer Hicks de Southeastern Oklahoma State University y Charles Pruett de Abilene Christian University informaron al Journal of Religion, Spirituality and Aging que, en 2008, del clero de la Iglesia de Cristo en Texas, solo una cuarta parte de los encuestados dijo que tenía planes de jubilarse por completo.

A medida que el número de miembros se reduce y muchos clérigos de edad avanzada se encuentran en medio de una economía insostenible al jubilarse existe la preocupación de que no estén preparados.

En la Iglesia Metodista Unida, una de las principales denominaciones protestantes más grandes en

Estados Unidos, el porcentaje de presbíteros menores de 35 años se redujo del 25% en 1956 al 5% en 2010.

La perspectiva de los optimistas sobre la próxima crisis de jubilación que enfrentan las iglesias de Estados Unidos es si muchos clérigos mayores contarán con los ingresos necesarios para dejar sus puestos de tiempo completo. Tomando en cuenta la salud y el sentido de vocación para servir a iglesias rurales y urbanas más pequeñas.

Los líderes espirituales, mal preparados en sus economías para la jubilación permanecerán como pastores activos todo el tiempo que puedan ignorando la brecha de edad del clero e impidiendo los esfuerzos para la revitalización de la denominación[17] (Williams Walsh, s.f.).

Conozco a varios compañeros pastores que son muy buenos y me han confesado que se están acercando a esa edad, pero no pueden jubilarse porque no han podido ahorrar.

## Iglesia Bautista del Sur

El pastor William Thornton cuenta su testimonio: "Llevo varios años cuesta abajo hacia la jubilación de ser el pastor de una Iglesia Bautista del Sur. He pensado en la jubilación de una manera concreta durante unos 15 años, comenzando quizá una década antes de apretar el gatillo, renunciar a mi iglesia y jubilarme. Mi convención estatal (y tal vez todas las demás) tiene seminarios de planificación de la jubilación a partir de los 50 años. Asistí a varios. Eran gratuitos y aprendí mucho. Estas son algunas de las mejores cosas que hace mi convención estatal. Estoy leyendo que la edad promedio de los pastores protestantes es de 56 años, o unos seis años menor que la edad mínima de jubilación en la que se puede obtener el Seguro Social, supongo que muchas de las personas que deambulan por la Iglesia Bautista del Sur están a una distancia sorprendente de jubilarse y lo están pensando con seriedad".

El pastor Thornton comparte algunos pensamientos con nosotros.

Primero, afirma que es casi desagradable para los bautistas del sur, conservadores y creyentes en la Biblia, decir que realmente no creemos que la jubilación sea bíblica. Estoy de acuerdo con eso y diría lo mismo. No estoy retirado de servir al Señor y sus iglesias ni de proclamar la Palabra, ni del ministerio cristiano. La jubilación no es bíblica. Jubilarse de la responsabilidad laboral, sí lo es.

En segundo lugar, la planificación para la jubilación debe comenzar a más tardar en la primera iglesia del pastor, en su primer día. Mi primera iglesia me dijo: "Esto es lo que podemos pagarle, puede dividirlo como desee". Abrí una cuenta de jubilación y comencé a hacer pagos el primer mes, aunque hubiera sido útil tener la suma total para gastar en el nacimiento de bebés y los gastos de manutención. Muy pronto convencí a la iglesia de que pagara a GuideStone directamente a mi cuenta. La mayoría de los pastores que pospone sus pagos de jubilación hasta que piensa que puede pagarlos nunca se pondrá al día y estará en una mala posición financiera en el futuro.

Tercero. Cuándo retirarse y renunciar a su iglesia es casi siempre un asunto totalmente subjetivo. No es muy diferente de saber cuándo trasladarse de una iglesia a otra, porque se aplican algunos principios, pero no hay nadie cerca para decirle cuál es el momento. Hay múltiples factores involucrados en la jubilación: salud, finanzas, relacionados con la iglesia, relacionados con la familia y más. En mi caso sentí que era adecuado tanto para mí como para la congregación. Oré, medité y reflexioné con paciencia sobre el asunto, de manera general durante un par de años, pero con más intensidad meses antes de tomar una decisión.

En cuarto lugar, las finanzas seguramente influirán en la decisión ... y no hay nada de espiritual en eso; sin embargo, si el dinero es el factor principal, puede haber dificultades. ¿Reconoce la gente de la iglesia cuándo el pastor está aguantando?

Es mucho mejor haber planeado durante décadas la jubilación para no estar atado en un rincón a los 55, 60 o 65 años, cuando no tendrá suficientes ingresos a menos de que se aferre a su cargo pastoral.

Quinto, el pastor debe hacer una evaluación sana y honesta sobre su propia fortaleza física y emocional y la salud de su iglesia actual. Tener un amigo cercano, honesto, informado y confiable con quien pueda hablar con franqueza sobre el asunto puede ser de gran ayuda.

Sexto, no tome una decisión apresurada; no durante una crisis en la iglesia, o cuando se sienta frustrado. Se puede hacer un ministerio más variado para ayudar a pastores y a las iglesias dentro y fuera del púlpito[18] (William, s.f.).

## Sacerdotes y religiosos

En la revista America: The Jesuit Review, del 21 de diciembre de 2010, William Van Ornum presenta su artículo "Cuando los sacerdotes y los religiosos se jubilan". Invita a laicos y clérigos por igual a reflexionar sobre nuestra vida, contar nuestras bendiciones y ver hacia dónde nos dirigimos en el futuro. Dice que cuanto más nos alejamos de la edad de jubilación, más tiempo los laicos nos ven trabajando. Mientras nos acercamos a la edad, se dificulta más la decisión.

El columnista Scott Burns nos dice que una gran parte de la preparación es saber que su jubilación no se trata solo de inversiones. Tanto el Seguro Social como una pensión, incluso otros ahorros, pueden proporcionar solo una pequeña parte de su jubilación. El resto es aprender a adaptarse, a sentirse libre y a disfrutar de la nueva flexibilidad que tendrá. De acuerdo a Scott, todo lo que él ha visto y leído sugiere que las decisiones sobre cómo vivir, dónde vivir y qué elegir hacer son más poderosas que las decisiones que se toman sobre el dinero y las inversiones[19] (Lewis Center for Church Leadership Retirement Best Practices for Pastor and Congregation ).

## Pastor y congregación

David Rich, del Centro Lewis para el Liderazgo de la Iglesia, también comparte su pensamiento comenzando con una pregunta: "¿Cuáles son algunas de las mejores prácticas que un pastor y una congregación pueden usar para planificar y administrar un final saludable y significativo para que puedan terminar juntos con vitalidad? Antes de anunciar la fecha de jubilación, el pastor debe reflexionar sobre sus años de ministerio. ¿Cuándo estaba más energizado y cuándo más agotado? ¿Qué ha sido más satisfactorio y qué más desafiante? ¿Qué ha aprendido a lo largo de los años?".

Desde mi punto de vista, siempre ayuda evaluar cómo está su situación actual, me refiero a condiciones física, espiritual y vocacional. Durante el proceso de preparación, pregúntese:

¿Qué le gustaría que sucediera o hacer diferente en su retiro o jubilación?

¿Cuándo es el momento adecuado para retirarse?

¿Cuáles son las necesidades básicas: financieras, de salud, familiares y personales?

Consulte con los profesionales y el personal eclesiásticos encargados del retiro o jubilación de los pastores para que camine firme en ese hermoso proceso del jubileo.

¿Cuáles serán las fechas límites de mi denominación o la del plan de pensión que se requiera cumplir?

Desarrolle un plan para decir adiós y expresar aprecio a los miembros de la iglesia; perdonar y pedir perdón.

Recuerdo que en mi preparación la reverenda DeArmitt, pastora jubilada en mi congregación, me facilitó una liturgia de despedida que incluía pedirle perdón a la iglesia y darle la oportunidad a la iglesia de pedirme perdón. Fue hermoso y de mucho impacto.

Durante la despedida el pastor y la congregación están experimentando una variedad de sentimientos y emociones fuertes. Al retirarse, la relación pastoral ha terminado.

Ayude al liderazgo congregacional a obtener y mantener los informes y archivos en orden, revisar y actualizar las reglas y procedimientos, e identificar y prestar atención a los asuntos actuales más importantes.

La jubilación de un pastor es una transición única y crítica, que requiere una comunicación abierta y honesta.

## Iglesia Metodista Unida

En el caso de los metodistas, el pastor debe planear su jubilación comenzando un diálogo con su obispo, su superintendente y luego con la iglesia local; se recomienda que planifique la despedida con el comité de Pastor y Parroquia o de Asuntos Pastorales.

Es de suma importancia y necesidad que los que se acogerán a la jubilación le preparen el camino al nuevo pastor. En lo personal he tenido el placer y la responsabilidad de preparar las iglesias que he pastoreado para recibirlo, en especial a mujeres pastoras. Es un proceso delicado lleno de amor y de gratitud. También fui entrenado como recurso en la Conferencia Anual de New York para ayudar a las iglesias y al pastor o pastora saliente en su transición; a establecer metas y un plan de trabajo a corto plazo para que el pastor nuevo se acomode. Me pareció muy adecuado dejarle un programa tentativo por un mes para que la iglesia continúe en funciones durante y después de la transición. Recuerde que el desarrollo de un plan de transición sólido brinda una oportunidad para que los pastores y los líderes trabajen juntos en la planificación y gestión hacia un presente y un futuro saludables del ministerio a medida que el pastor avanza hacia la jubilación.

En 2004, la Iglesia Metodista Unida tomó una decisión financiera relativa a los beneficios de jubilación de su clero, pasó de un plan de jubilación 401(k) a un plan de pensión tradicional. El New York Times ofreció un excelente resumen de la decisión de pasar a un plan de pensiones y su impacto en el clero y el personal.

Como resultado de esta decisión, el clero metodista está cubierto por uno o dos programas de pensiones dependiendo de cuándo comenzó a servir a la iglesia. Cada uno es administrado por la Organización Wespath, conocido formalmente como la Junta General de Pensiones y Beneficios de Salud en Evanston, Illinois.

El Plan de Seguridad para la Jubilación del Clero, que reemplazó al Plan de Pensión Ministerial el 1 de enero de 2007, incluye dos componentes: un plan de contribución definida y un plan de beneficios definidos. El componente de contribución definida requiere que cada iglesia con un pastor de tiempo completo o parcial contribuya con un porcentaje x de la compensación del pastor. El componente de beneficio definido requiere el pago del porcentaje x de la compensación pastoral de cada iglesia. Además, el Plan de Protección Integral, con beneficios por muerte, discapacidad y sobrevivientes, requiere un pago del porcentaje x basado en una compensación pastoral hasta el doble de la compensación promedio de la denominación. El Plan de protección integral de la compensación pastoral se factura mensualmente a cada iglesia local por la Conferencia Anual[20].

*Las tendencias de la edad del clero en la Iglesia Metodista Unida, ¿en dónde estamos?*

La edad promedio de los presbíteros o ancianos en el ministerio es de 55 años, en comparación con 50 en 2000 y 45 en 1973, según un informe del Centro Lewis para el Liderazgo de la Iglesia. En 2010, por primera vez, más de la mitad de los Presbíteros Metodistas Unidos estaba en el grupo de 55 a 72 años de edad.

Por lo tanto, los desafíos que enfrentan muchas iglesias son aún mayores que los que enfrentan otros sectores de la sociedad que se adaptan a nuestra población de *baby boomers*.

Desde 1985 hasta 2019 tenemos menos presbíteros y más pastores locales. Desde 1980 ha habido una disminución importante en el número de presbíteros activos, mientras que el número de pastores locales aumentó. Desde 1990 hay 8.352 presbíteros menos y 3.627 pastores locales más. En este mismo año había más de cinco presbíteros por cada pastor local; hoy hay menos de dos presbíteros por cada pastor local. Este patrón continúo en 2019.

En los últimos años hay un aumento de unos dos años en la edad de jubilación para todas las categorías del clero. El aumento cuando se combinan todos los grupos de clérigos es de una edad promedio de jubilación de 64 a 66 años. El primero de la generación *Baby Boomer* alcanzó los 65 años en 2011. Si bien hay muchas variables para determinar cuándo alguien se jubila, la mayor edad de jubilación de los jubilados *Boomer* coincide con patrones vistos fuera de la iglesia también. La edad promedio de jubilación en todas las categorías del clero en 2018, el último año completo de datos, fue de 66.2, sin cambios desde el año anterior. Las edades de jubilación para los diferentes tipos de clérigos son similares, pero no iguales. Por ejemplo, en 2018 las edades de jubilación fueron: presbíteros 66, diáconos 66, pastores locales, tiempo completo 68 y pastores locales a tiempo parcial 69[21] (At What Age Should a Pastor Retire? Ten Diagnostic Questions www.mittensynod.org › )

El Centro Lewis para el Liderazgo de la Iglesia del Seminario Teológico Wesley es un recurso para clérigos, laicos y líderes confesionales, a través de sus recursos, investigación y enseñanza, el Centro apoya a líderes espirituales visionarios para abordar temas cruciales para el testimonio fiel y fructífero de la iglesia.

## Apoyo para la jubilación

En los últimos años, las denominaciones han intensificado los esfuerzos para proporcionar planificación financiera al clero y ayudarlo en la difícil transición a la jubilación. Algunas iglesias están considerando medidas aún mayores para facilitar y apoyar al clero que se vaya a jubilar.

El 87% de los principales líderes pastorales protestantes informó en una encuesta de 2001 que sus congregaciones contribuyeron a sus pensiones, pero solo el 28% del clero de las denominaciones históricas de la raza negra informó asistencias similares.

Una encuesta de pastores coreanos en el sur de California reveló que solo 3 de cada 10 informaron haber recibido ayuda para la jubilación.

Es sorprendente que solo un pequeño número de iglesias considera la jubilación de sus pastores como prioridad y les brindan ayuda en sus años dorados. Según el estudio de 2008 del clero de la Iglesia de Cristo en Texas el 29% de los encuestados dijo que no tenía plan de retiro (Basado en el Journal of Religion, Spirituality and Aging).

Hay un sinnúmero de personas que está ingresando al ministerio como una segunda carrera llena de entusiasmo y se enorgullecen de las experiencias de ser pastores mayores. Ellas son de gran utilidad porque están ayudando a mantener abiertas y activas a las iglesias urbanas y rurales más pequeñas sirviendo a tiempo parcial o provisional.

¿Cómo las iglesias pueden mantenerse productivas por sí mismas en una economía incierta? ¿Cómo garantizar la seguridad financiera de los pastores mayores al tiempo que dejan espacio para el clero más joven?

No será fácil, como señaló Lawrence en su ensayo de 1914. "Ahora, la iglesia, junto con las empresas y los gobiernos estatales y federales, enfrentan esta crisis en parte debido a la falta de atención a las dimensiones financieras, demográficas, políticas y morales que han hecho que este sea un tema difícil".

Las condiciones de la vida moderna y las demandas de eficiencia están presionando la cuestión de los trabajadores asalariados. Los salarios no son tan grandes como para permitirles acumular suficiente dinero para la vejez.

# 4. ¿AUTOEVALÚESE: ¿A QUÉ EDAD DEBE RETIRARSE UN PASTOR?

Puede haber diversas razones para retirarnos en cierto tiempo y existen muchos estudios que nos pueden ayudar a tomar la decisión. Solo busca orientación para que puedas prepararte a disfrutar de tu retiro. Lo siguiente es un ejemplo de muchos ejercicios para evaluar tu situación.

Contesta las siguientes preguntas:

¿Eres física y emocionalmente capaz de continuar liderando a un alto nivel?

¿Todavía estás muy motivado en tu lugar de liderazgo?

¿Eres un aprendiz continuo? ¿Lees, escuchas a otros, asistes a conferencias, aprendes nuevas tecnologías y te mantienes actualizado en áreas clave con satisfacción?

¿Estás esperando por razones financieras?

¿Tienes una visión clara y convincente para el futuro de tu ministerio?

¿Se está deteriorando la salud de la iglesia bajo tu liderazgo?

¿La palabra «cambio» te hace sentir amenazado o enojado?

¿Te frustras regularmente con otros?

¿Te apoya su familia a que permanezcas en tu posición actual en el ministerio? ¿Te encuentras anhelando los buenos viejos tiempos?

Entonces, ¿a qué edad debe retirarse un pastor? En realidad, depende, cada situación es única. Es posible que le queden muchos años en su iglesia actual; o puede que necesite retirarse ahora y permitir que los nuevos líderes tengan la oportunidad de llevarla a otro nivel. Sé honesto contigo mismo, sobre todo, honesto con Dios. Si realmente es hora de que te retires, Él estará contigo tal como lo ha hecho durante todo tu ministerio[22].

## Éxito de la jubilación

La jubilación exitosa ocurre cuando un individuo puede mantenerse activo física, vocacional, social y espiritualmente en la jubilación.

*Frente a la adversidad* solo el 2% de los estadunidenses considera que la edad de más de 60 años es la mejor en la vida, mientras que el 30% de los que tienen entre 18 y 64 años considera la edad de jubilación la menos deseable (Harris et al., 1975). Por lo tanto, el primer paso para una jubilación exitosa es romper con el enfoque de que la jubilación es para los "tratamientos de las enfermedades", tan común en algunas culturas. Aunque el 30% de los estadunidenses describa la jubilación como la etapa menos deseable de la vida, la jubilación exitosa no es un plan de tratamiento para las personas que, debido a su edad, finalmente se han vuelto inactivas, discapacitadas o marginadas. Aunque la realidad sea que somos más vulnerables hacia la lucha por la buena salud y tengamos que tomar medicamentos, todavía podemos enfrentarla con éxito. ¡La buena noticia es que los ministros jubilados no están infectados con la enfermedad llamada anticuada o de brazos caídos!

## El valor de los jubilados

En Japón, la cultura valora y honra a los ancianos por su sabiduría. El fuerte valor cultural de buscar el asesoramiento de los ancianos les proporciona un papel muy valioso en la sociedad. Las corporaciones los buscan para puestos de liderazgo y las parejas de recién casados por lo regular reciben el consejo de los mayores de la familia. Los ancianos japoneses realmente son estimados.

Hoy en día en Estados Unidos, el promedio de 65 años aún retiene alrededor de una cuarta parte de su esperanza de vida. Por lo tanto, la edad de 65 a 80 ya no se considera "inútil", simplemente ofrece nuevas oportunidades. Nadie envejece hasta que tiene 80 años, como mínimo.

Dicho esto, la "vejez" es una noción psicológica, no una edad numérica. En contraste con la imagen común en América del Norte, la jubilación exitosa representa la planificación intencional y el desarrollo de un nuevo estilo de vida de transición en el que el pastor se vuelve más productivo y prospera más que en cualquier otro capítulo de su vida.

Jubilados exitosos

Muchos alcanzan sus años más productivos después de alcanzar el estatus de personas mayores. Por ejemplo:

1. John Glenn, el primer astronauta de Estados Unidos, tenía 77 años cuando realizó su último viaje al espacio. Luego se convirtió en senador, pero solo después de retirarse de la NASA.

2. Doris Haddock tenía 91 años cuando caminó 3200 millas a través de Estados Unidos.

3. George Bernard Shaw continuó escribiendo hasta su muerte a los 94 años. Una de sus obras más populares es My Fair Lady.

4. Agatha Christie escribió novelas de misterio durante más de 50 años.

5. Golda Meir asumió el cargo de primera ministra de Israel a la edad de 63 años.

6. Miguel Ángel, a los 71 completó su mejor trabajo: la Basílica de San Pedro.

7. Benjamín Franklin fue el delegado de más edad en firmar la Declaración de Independencia. Vivió hasta los 84 años.

8. Andy Rooney y Mike Wallace fueron personalidades de televisión en horario estelar más allá de sus 88 años.

9. Everett Koop fue uno de los cirujanos generales más destacados de Estados Unidos desde los 65 años hasta los 73.

10. Ellen Glasgow, ganadora del Premio Pulitzer a los 77 años, dijo: "En los últimos años he hecho un descubrimiento emocionante ... hasta que uno tiene más de 60 años, nunca puede aprender realmente el secreto de la vida".

11. La Madre Teresa recibió el Premio Nobel de la Paz a la edad de 69 años. Luego continuó trabajando y estableciendo nuevas misiones en varios continentes hasta que murió a los 87 años.

12. John Bertram Phillips, conocido traductor de la Biblia, publicó The Wounded Healer de 78 años.

13. Joe Biden se convirtió en presidente de Estados Unidos a los 77 años.

No es de extrañar que las personas mayores en la lista anterior lograron sus mayores hazañas después de los 60 años. El ministro que realiza una transición exitosa hacia la jubilación puede ofrecer buen servicio al Reino de Dios aun después de la jubilación.

Gene Cohen, director del Centro sobre Envejecimiento, Salud y Humanidades de la Universidad George Washington, indica: "La producción creativa está más influenciada por la experiencia en un campo, la edad profesional, que por la edad cronológica" (Cohen, 2000, 108). Si es correcto también es razonable esperar que el ministro en la edad de jubilación esté en su cenit.

Ideas para tener una mejor jubilación

La jubilación es una vivencia que merece ser atendida. Comenzando con conceptos básicos y sencillos hasta llegar a los más complicados. Entre más temprano empieces mejor y más fácil será el proceso.

*En primer lugar* recomiendan los psicólogos "estar mentalizado para cuando llegue el momento". *Preparar* la jubilación con tiempo y pensar qué actividades te gustaría realizar. Al principio de mi senda pastoral escogí a un pastor mentor, que me dijo: "Si quieres tener una casa cuando te jubiles debes conseguirla ahora que eres joven". Gracias a Dios que seguí su consejo. Cuando me llegó la hora, ya tenía mi casa.

*En segundo lugar* "mantenerse activo". Desde los 12 años establecí una relación con Dios a muy temprana edad, un espacio de ejercicio que lo he mantenido hasta ahora; a veces más lento, con más receso o más rápido, pero lo he mantenido. Creo que las personas que tengan salud y plenas facultades deben seguir activas una vez que se jubilen.

*En tercer lugar*, si no estás claro de lo que quieres hacer cuando te jubiles, piensa en la alternativa de ayudar al necesitado, comparte tus conocimientos adquiridos durante la vida laboral y educacional, piensa en algún tipo de servicio voluntario. Como dice la doctora María Dolores Ortiz: "Jubilarse del trabajo no quiere decir jubilarse de la vida"[23].

¿Qué es una transición exitosa?

Es una fase en la cual los eventos y el entorno alteran nuestros roles, relaciones, rutinas y suposiciones. Aunque la vida ministerial involucra muchas transiciones, la jubilación altera los roles, relaciones, rutinas y suposiciones para casi todos los pastores, en especial para los misioneros y capellanes. La transición a la jubilación tiene el potencial de alterar su futuro de manera más positiva o negativa que cualquier otra de la vida.

El cristiano nunca se retira del servicio de Cristo; solo cambia la dirección de su lugar de trabajo. Con frecuencia son estos "ancianos santos" quienes, después de toda una vida de caminar con Dios y dirigir a su Iglesia, están capacitados para transmitir las verdades de la Palabra de Dios, al relatar cómo Dios ha obrado en sus vidas. La oración del salmista debe ser nuestra oración mientras envejecemos (Salmos 71:18): "Aún en la vejez y las canas, oh Dios, no me desampares, hasta que anuncie tu poder a la posteridad, y tu potencia a todos los que han de venir".

Hay numerosos beneficios en la planificación y también los problemas prácticos de los pasos que tomamos para asegurarnos de que estamos listos y bien preparados. Pero asimismo existe la gran red de expectativas y visión de lo que está por venir que necesita nuestra atención. Nadie está en desventaja para la planificación, pues esta revela sus propias bendiciones.

Como teólogos afirmamos que la jubilación es otra de las dadivas de Dios. El 99% de las personas cree que es descansar de su trabajo, como el todo. Pero, ¿qué pasa si, cuando se llega allí, no le gusta lo que ve? ¿Podemos dudar o enojarnos con Dios?

No planificar la jubilación es fracasar en algo que nos llega a todos: la edad avanzada. Dios ordenó la jubilación y debemos creer que vino de Él. Dios quiere que todos reciban ese regalo, por lo que todos debemos hacer el trabajo para prepararnos para tal bendición de Dios, a fin de cumplir con todo lo que Él tiene para nosotros[24].

El estar jubilados nos ofrece una oportunidad para que después de estar en discernimiento por muchos años buscando la dirección divina en nuestro ministerio terrenal, entremos en un discernimiento de la dirección divina en nuestra vida personal y familiar. Esto es así, porque aparecen los pensamientos del pasado y los asuntos no terminados entre la familia. Descubrimos vivencias en la familia de las que estábamos ajenos y como somos entes cambiantes nos asombramos de cómo un evento o acción afectó positiva o negativamente a sus miembros.

Yo creo que la jubilación nos da una licencia, un permiso, para tratar con nuestra psiquis de una manera más abierta en dirección hacia una salud emocional y mental sin olvidarnos de que todo esto está permeado de nuestra salud espiritual.

La transición de un ministerio de tiempo completo a un estilo de vida de jubilación le ofrece una oportunidad para mejorar los componentes de la salud física. Por ejemplo, la vejez por lo general prolonga la recuperación de las tensiones ministeriales y las discapacidades ocupacionales que contrajo durante las últimas décadas de ministerio. Sin embargo, en la transición de la jubilación usted controla la oportunidad de planificar de forma intencional cómo buscar la salud y prevenir enfermedades y discapacidades adicionales.

La jubilación suele cambiar las conexiones sociales de apoyo establecidas en el ministerio. Una buena transición de la jubilación ofrecerá oportunidades para identificar y seguir patrones nuevos de apoyo social que complazcan su nuevo estilo de vida.

Algunos ministros se retiran con la expectativa de que su transición funcionará como un punto único en el tiempo, o como mucho, una fase de transición un poco más larga. Esperan emerger de este proceso como un producto nuevo terminado y etiquetado como "jubilado". Si bien esta expectativa puede parecer cierta para muchas transiciones, sigue siendo una gran falacia para la jubilación. En lugar de verlo como un punto en el tiempo descubrirá que la transición de la jubilación funciona como un proceso interminable que dura hasta la muerte, de asociarse con Dios para reenfocarse, descubrir nuevas vías en las que Dios puede usarlo y aprender formas nuevas y más profundas de facilitar la comunión con Dios y con los demás. Como ministro "retirado" se reinventará una y otra vez a medida que avance en el proceso de terminar bien.

Por favor, oremos, cuidemos y procuremos a nuestros pastores y pastoras que se han jubilado.

# 5. ESPACIO PARA EL ESPARCIMIENTO

Chistes: ¡En serio! o ¡En broma!
(es.churchpop.com)

Si comenzaste a caminar hacia la jubilación tienes que balancear tus pisadas con humor. Por si no lo sabías, algunos santos fueron famosos por su excelente sentido del humor.

Felipe Neri ("el santo del buen humor"), Francisco de Sales y Teresa de Ávila, por ejemplo, no son conocidos solamente por el compromiso con Dios y el ejemplo de sus vidas, sino también porque sabían bromear para reforzar sus mensajes y disfrutar del buen humor eclesiástico.

-Un jubilado comenta: La gente que todavía trabaja me pregunta a menudo qué es lo que hago diariamente, ahora que estoy jubilado... y le contesto: El otro día fui al pueblo y entré al correo a recoger un paquete que me había llegado, sin tardar en la gestión ni cinco minutos. Cuando salí, vi que frente al carro, un policía local estaba llenando una multa por estacionamiento prohibido. Me acerqué a él y le dije: ¡Oye hombre, no he tardado ni cinco minutos! Dios lo recompensaría si hiciera un pequeño gesto para con los jubilados. Me ignoró olímpicamente y continuó llenando la infracción. La verdad es que me pasé un poco y le dije que no tenía vergüenza. Me miró fríamente y empezó a llenar otra infracción alegando que, además, el vehículo no traía yo no sé qué calcomanía del Departamento de Vehículos de Motor. Entonces levanté la voz para decirle que me había percatado de que trataba con un desconsiderado y que cómo lo habían dejado entrar en la Policía ... Él acabó con la segunda infracción, la colocó debajo del limpiaparabrisas, y empezó con una tercera. Con cada infracción que llenaba, se le dibujaba una sonrisa que reflejaba la satisfacción de la venganza ... después de la quinta infracción... le dije: Lo siento. Lo tengo que dejar, porque... ¡Ahí viene mi autobús! Y es que, desde mi jubilación, ensayo cada día cómo divertirme un poco. Es importante hacer algo a mi edad, para no aburrirme.

-Estaban dos jubiladas sentadas en el banco de la plaza conversando entre sí y entonces una le dice a la otra: ¿Sabes Eulalia que no puedo ya comer carne roja? ¿Por qué? ¿Tensión alta?  Le contesta la otra: no ... pensión baja.

-Van dos jubilados a cenar a un restaurante; entonces el mozo les pregunta: Buenas noches abuelos, ¿qué se van a servir? Abuelo: Para ella una sopita bien espesa de entrada y como segundo una milanesa. Mozo: ¿Y para usted qué le traigo? Abuelo: Para mí primero la milanesa y después la sopita. Mozo: abuelo, ¿por qué no le traigo las dos sopas primero y luego las dos milanesas? Abuelo: ¡No! ... Porque solo tenemos una sola dentadura postiza.

-Domingo en la mañana: Luis, levántate, vamos a la iglesia. No hace falta María. Yo resuelvo viéndola por el televisor aquí acostado. Está bien, Luis. Si te da hambre resuélvelo cambiando el televisor al canal del Master Chef.

-Una pareja decidió salir de vacaciones a la playa para celebrar sus 40 años de casados. Cuando llegaron al lugar ambos se pusieron sus trajes de baño. Cuando el esposo se fijó bien en cómo lucía su señora de 60 años en traje de baño miró al cielo y dijo: Oh Señor, ¡cuánto me gustaría tener una esposa 30 años más joven que yo! Enseguida Dios cumplió su deseo y lo convirtió en un anciano de 90 años.

-El apóstol más rápido: ¿Por qué Juan llegó antes que Pedro a la tumba luego del anuncio de la resurrección? Porque Pedro solo tiene primera y segunda; mientras que Juan tiene primera, segunda y tercera.

-Un pastor fue a visitar a un enfermo. Tocó a la puerta, pero no le abrieron. Antes de regresar tomó su tarjeta y escribió en ella: Apocalípsis 3:20 y la dejó pegada a la puerta.

El lunes siguiente, al contar la colecta del domingo encontraron en ella la tarjeta del pastor. Junto a su cita bíblica habían añadido otra: Génesis 3:10. El pastor pronto descubrió el buen sentido del humor de su feligrés.

Apocalípsis 3:20: "Mira que estoy a la puerta y llamo; si alguno oye mi voz y me abre la puerta, entraré en su casa...".

Génesis 3:10: "Te oí andar por el jardín y tuve miedo, porque estoy desnudo; por eso me escondí".

-Llega una jubilada a la farmacia y le pregunta al farmacéutico: Joven, ¿qué tiene para las canas? El encargado responde: Un gran respeto señora, un gran respeto.

-Dos señoras mayores, de unos 75 años, se juntaron en la tarde del 24 de diciembre para festejar la navidad. Una de ellas se acerca a la nevera para sacar la leche y le dice a la otra: Esta leche no está buena. La otra le responde: Sí y mañana es navidad.

-Adán y Eva sin seguro: ¿Qué les dijo el agente de seguros a Adán y Eva? Ya veo que no están cubiertos.[25] (www.exitoysuperacionpersonal.com, s.f.)

El nuevo himnario para los jubilados

A solas al huerto voy a sembrar
Al caer la lluvia duermo como un bebé
y cuando sale el sol, le canto mi loor
Alzo mis manos, por un ratito
Cantemos al Señor, los que no tenemos que trabajar mañana
El que habita en la jubilación con Dios
Fuente de la vida eterna, de lagos y playa en mi jubilación

Grato es contar mi historia

Jesús es mi asistente soberano

Jubilosos, te adoramos y bailamos en la jubilación

Mil voces para lamentar el dolor

Tu pueblo jubilado venimos a ti Señor y triunfantes cantamos tu loor

Te loamos, oh Dios con bajita voz

Oh, jubilados del Señor, seamos voluntarios alrededor

Una cama cómoda es nuestro Dios

¡Oh, tu fidelidad! Oh tu descanso, cada momento los siento en mí

No hay amor, como el de Dios, que me da viajes que llenan el corazón

En momentos así, me levanto tarde y me acuesto temprano, oh Cristo

Hay momentos que me hablas y no te escucho ni veo sin espejuelos, pero creo en ti Jesús

En Jesucristo me quedo en casa en paz, grato consuelo y felicidad

Ven, Jesús, que la jubilación he esperado, gracias por la alegría de llegar a disfrutarloVenid fieles todos, la jubilación abracemos, con gozo triunfante y con mucho amor

Camina pueblo de Dios, descansa de tu trabajo, nueva vida, más libertad

y más tiempo familiar

Vive el Señor, estaré bien hoy y mañana, vive el Señor

Oh, deja que el Señor te acompañe a las citas médicas, a la farmacia y al hospital

Quieres ser activo en tu jubilación, tan solo hay poder en mi Jesús

Tú has venido a la orilla, para enseñarme a pescar y a disfrutar de la naturaleza
Sublimes Gracias del Señor que a un jubilado visitó.
Cuan glorioso es el cambio de la jubilación, los ingresos se cortan a la mitad
Jesús yo he prometido servirte durante mi jubilación

¿Qué dicen los famosos?

Muchas de las siguientes frases de jubilación ofrecen consejos prácticos sobre cómo lidiar mejor con la situación. Al mismo tiempo, hay numerosas citas que son bastante divertidas y brindan una perspectiva mucho más simpática (www.exitoysuperacionpersonal.com).

1. "No es cierto que la gente deja de perseguir sus sueños porque envejece, envejece porque deja de perseguir sus sueños" Gabriel García Márquez

2. "No te retires simplemente de algo, ten algo a lo cual retirarte" Harry Emerson Fosdick

3. "Descansar no es ociosidad y no es una pérdida de tiempo tumbarse a veces en la hierba bajo los árboles en un día de verano, escuchar el murmullo del agua, o ver las nubes flotar en el cielo azul" John Lubbock

4. "La preparación para la vejez debería comenzar no mucho más tarde que en la adolescencia. Una vida que está vacía de propósito hasta los 65 no se llenará de pronto en la jubilación" Dwight L. Moody

5. "Ahora que dejas de trabajar llegó el momento de disfrutar y relajarse: tiempo libre, aficiones, ocio y amigos. ¡Feliz jubilación!" Anónimo

6. "Me he jubilado, pero si hay algo que me mataría es despertar en la mañana sin saber qué voy a hacer" Nelson Mandela

7. "La jubilación puede ser un final, un cierre, pero también es un nuevo comienzo" Catherine Pulsifer

8. "La jubilación ha sido un bello descubrimiento de belleza. Nunca tuve tiempo de notar la belleza de mis nietos, de mi esposa, del árbol afuera de mi propia puerta. Y de la belleza del tiempo en sí" Terry Guillemets

9. "Cuanta más arena haya escapado del reloj de nuestra vida más claramente deberíamos poder ver a través de su cristal" Jean-Paul Sartre

10. "El problema de la jubilación es que uno nunca tiene un día libre" Abe Lemons

11. "La jubilación es la juventud para hacer todas las cosas que no hiciste cuando tenías menos años" Anónimo

12. "La jubilación es una actitud de abrazar los años venideros con entusiasmo en lugar de apatía" Morton Shaevitz

13. "Vivo en esa soledad que es dolorosa en la juventud, pero deliciosa en los años de madurez" Albert Einstein

14. "Me gustaría que el tiempo no hubiera ido tan rápido. Y a veces desearía haber disfrutado más el camino y haberme preocupado menos" Neil Gaiman

15. "Realmente estoy disfrutando mi jubilación. Puedo dormir todos los días. Hago crucigramas y como pastel" Derek Landy

16. "Hay algunos que comienzan su jubilación mucho antes de dejar de trabajar" Robert Half

17. "Cada día el creciente peso de los años me advierte cada vez más, que la sombra de la jubilación es tan necesaria para mí como bienvenida" George Washington

18. "No hay mayor placer que el que nos da un trabajo bien hecho. Es momento de relajarse, porque todo lo que pudiste hacer por los demás lo realizaste con creces" Anónimo

19. "La edad es solo un número, algo para poner en los registros. El hombre no puede retirar su experiencia, debe usarla" Bernard Baruch

20. "Un hombre jubilado es a menudo el trabajo completo de una esposa" Ella Harris

21. "Aprende las lecciones de la historia. No dejes que la forma como sientes acerca de tu mandato en tu organización te lleve a tomar decisiones de inversión deficientes que podrían descarrilar una jubilación exitosa" Mark Singer

22. "La jubilación es maravillosa. Es hacer nada sin tener que preocuparse por quedar atrapados en ella" Gene Perret

23. "Los ricos no trabajan por dinero, hacen lo que les gusta hacer. Se dedican a un trabajo que aman y no viven esperando un merecido descanso o retiro, pero trabajan con pasión hasta el final de sus vidas" Sunday Adelaja

24. "La jubilación: está bien salir de la carrera de ratas, pero tienes que aprender a que te vaya bien con menos queso" Gene Perret

25. "Se envejece más rápido cuando se piensa en la jubilación" Toba Beta

26. "Más de la mitad de las personas mayores vive ahora sin cónyuge y tiene menos hijos que nunca, sin embargo, no pensamos en cómo viviremos nuestros últimos años solos" Atul Gawande

27. "Al envejecer uno se siente más contento que en la propia juventud, lo cual no reprenderé porque en todos mis sueños oigo mi juventud como una canción maravillosa que ahora suena más armoniosa de lo que era en realidad y aún más dulce" Hermann Hesse

28. "Tener medio siglo más es maravilloso y emocionante, porque no he perdido nada de mi pasado y soy libre de pararme en la roca de todo lo que el pasado me enseñó al mirar hacia el futuro" Madeleine L 'Engle

29. "Creo que las personas entienden las cosas diferentes cuando crecen. No se trata de suavizar o ver cosas en tonos grises en lugar de blanco y negro. Realmente creo que solo estoy entendiendo las cosas de manera diferente. De forma mucho mejor" Jeff Lindsay

30. "El camino hacia la montaña de la acción ya no es un camino para mí; mi futura esperanza se detiene con mi felicidad presente en el sombrío valle del reposo" Wilkie Collins

31. "La jubilación es como unas largas vacaciones en Las Vegas. El objetivo es disfrutar estos años al máximo, pero no tanto como para que te quedes sin dinero" Jonathan Clements

32. "El concepto de libertad nunca se entiende hasta que uno se asienta en el modo de jubilación" Anónimo

33. "Tristemente, la planificación de la jubilación en muchas circunstancias se ha convertido en nada más que una postergación planificada" Richie Norton

34. "Usa tu jubilación para recoger todos los frutos que has estado sembrando" Anónimo

35. "Una persona me preguntó una vez: ¿No crees que eres demasiado vieja para cantar rock and roll? Yo le respondí: Será mejor que se lo consultes a Mick Jagger" Cher

36. "Cuando un hombre se jubila, su esposa recibe el doble de su esposo, pero solo la mitad de los ingresos" Chi Chi Rodríguez

37. "Otra cosa buena de ser pobre es que cuando tienes 70 años", tus hijos no te declararán legalmente insano para poder controlar tu patrimonio" Woody Allen

38. "Te aconsejo que sigas viviendo solo para enfurecer a aquellos que pagan tus rentas vitalicias. Es el único placer que me queda" Voltaire

39. "Envejecer es un bien preciado. Solo unos pocos pueden resistir lograr esa distinción y calidad" Debasish Mridha

40. "La juventud no es más que la cáscara pintada dentro de la cual, creciendo continuamente, vive esa cosa maravillosa que es el espíritu esperando su momento de aparición, antes en algunos que en otros" Lew Wallace

41. "Día a día aumentamos en edad. Paso a paso reducimos el número de nuestros pasos. Cuando seas viejo verás la vida de manera diferente y obtendrás una mejor comprensión del camino de la vida: cómo lo viviste y cómo deberías haberlo vivido" Ernest Agyemang Yeboah

42. "El viejo es viejo a cualquier edad. Lo viejo es cuando dejas de hacer preguntas sobre esto, aquello y todo. Lo viejo es cuando te olvidas de cómo amar o peor, no te importa. Lo viejo es cuando ya no quieres

bailar. Lo viejo es cuando no quieres aprender nada nuevo, excepto cómo ser viejo. Lo viejo es cuando la gente te dice que eres viejo y tú le crees" Carew Papritz

43. "La jubilación a los 65 años es ridícula. Cuando tenía 65 todavía tenía espinillas" George Burns

44. "La parte importante de envejecer fue la parte de crecer. Resistir los cambios significaba para siempre quedarse quieto, lo cual era una triste forma de vivir" Barbara Delinsky

45. "La edad es una cuestión de la mente sobre la materia. Si no te importa, no importa" Mark Twain

46. "Lo mejor de la jubilación es no tener que usar pantalones" Mark Hewer

47. "La tarde sabe lo que la mañana nunca sospechó" Robert Frost

48. "Creo que el mayor error que comete la mayoría de las personas cuando se jubila es que no lo planea. Toma la misma ruta que "Alicia en el país de las maravillas", cuando el gato le dice a Alicia que seguramente irá a algún lado siempre que camine lo suficiente. Puede que no sea con exactitud a donde quisiste llegar, pero ciertamente llegas a algún lado" Mark Singer

49. "Algún día serás lo suficientemente mayor como para empezar a leer cuentos de hadas otra vez" C.S. Lewis

50. "¡Retirarse del trabajo no significa retirarse de la vida! ¡Es el comienzo, no el final!" Ravi Samuel

Frases de despedida

1. "Después de tantos años al pie del cañón te merecías un respiro. Pero no te vas, porque permanecerá tu recuerdo entre todos a los que has ayudado a crecer estos años. ¡Suerte amigo!" Anónimo

2. "Cada día el trabajo se hacía ameno a tu lado, compartimos experiencias y aprendimos uno del otro. Gracias a estos años junto a ti soy mejor profesional de lo que era. Mucha suerte y cuídate" Anónimo

3. "Lo que más le aproxima a una persona es esa despedida, cuando acabamos separándonos, porque el sentimiento y el juicio no quieren ya marchar juntos; y golpeamos con violencia el muro que la naturaleza ha alzado entre ella y nosotros" Friedrich Nietzsche

4. "Has decidido dar un cambio en tu etapa profesional y tienes nuestro apoyo. Aquí dejarás muchos compañeros que te aprecian y que han crecido como personas y profesionales contigo. Te vas a destacar en tus nuevos retos tal y como has hecho aquí. Disfruta de la nueva experiencia"

5. "Ustedes fueron mis compañeros, pero siempre serán mis amigos, me voy de la empresa, pero me llevo el mejor recuerdo de todos ustedes, adiós" Anónimo

6. "Tú eres una de aquellas personas que inspiran confianza y me cuesta creer que ya no trabajaremos

juntos. Espero que siga nuestra amistad, mucha suerte en esta nueva etapa" Anónimo

7."Había días en que el trabajo era muy difícil, pero con ustedes todo era más sencillo, gracias compañeros por siempre darme su valioso apoyo, me llevo los mejores recuerdos" Anónimo

8."Tu creatividad y tu predisposición a trabajar han hecho de ti un gran profesional, hasta pronto compañero" Anónimo

9. "Esta era una de aquellas oportunidades que no puedes dejar escapar, me alegro de que dejes la empresa por algo que es mejor para ti, espero que logres todos tus objetivos" Anónimo

10. "Amigo, gracias por todo lo que me has dado en este tiempo trabajando juntos. Ahora, disfruta de la libertad de poder administrarte tu tiempo, de vivir con tu mujer todo el tiempo robado, regala experiencias a tus nietos y demuéstrales que has vuelto para no irte más ..." Anónimo[26]

Tarjetas que recibí en mi fiesta de jubilación

La jubilación es una oportunidad increíble. Para usar su sabiduría y sus dones de maneras nuevas y satisfactorias, disfrutar de nuevas experiencias, pasar su tiempo como lo desee. Celebrarlo con usted es el comienzo de este nuevo capítulo.

¡Felicitaciones y mis mejores deseos por su jubilación! (Kathy Davis Comp.) Frase: "Pastor, gracias doy a Dios por su vida y su ministerio, ha tocado vidas y caminado con quienes no podíamos caminar".

Cuando un capítulo llega a su fin comienza otro nuevo y prometedor. Al mirar hacia atrás, a la valiosa contribución de su tiempo y talento, que el Señor lo bendiga con satisfacción. Y mientras mira hacia adelante, que el Señor lo bendiga con nuevas y gratificantes alegrías en su retiro. Enhorabuena.

Que todos deberían deleitarse con todo su trabajo: este es el regalo de Dios para el hombre. Eclesiastés 3:13 (Day Spring Comp.) Frase; "La vida pasa muy rápido, disfruta el uno del otro y todo lo que haces".

Haz lo que quieras. Cuando quieras. Si tú quieres. Disfruta de tu recién descubierta libertad, ¡te la has ganado! (Heartline, Hallmark Comp.) Frase: "Gracias por su fiel servicio y le deseamos lo mejor en la jubilación".

Jubilación. Cuando los momentos de orgullo y los recuerdos felices del ayer se encuentran con las brillantes esperanzas y sueños de mañana. Felicidades por este importante logro. Espero que te diviertas, porque te lo mereces (Expressions, Hallmark Comp.) Frase: "Que los días venideros se llenen de muchas bendiciones de alegría, buena salud y satisfacción de Dios".

En su Jubilación, que Dios bendiga los años venideros con felicidad, su hogar con alegría y la satisfacción de su corazón. Felicidades (The Printery House comp) Frase: "No sé si lo que vas a hacer es jubilarte.

Muchas gracias por tu ministerio y por la parte tan activa que jugaste en la Asociación de Clérigos.

Con los mejores deseos para su jubilación. Ahora puede ser su persona ¡Libre de hacer lo que quiera hacer, cuando quiera y como quiera! ¡Enhorabuena! Frase: "Soy tan bendecida que tu familia vino a mi familia".

¡Buenos tiempos por delante! Espero que la felicidad te siga donde sea que te lleve tu aventura de jubilación. ¡Enhorabuena! Frase: "Que nuestro Señor continúe guiándote y bendiciéndote cada día".

¡Has sido una inspiración y una bendición para todos nosotros, brillando con el amor y la alegría del Señor! (LIE District NYAC) Frase: "Se te echará mucho de menos".

Y así comienza la aventura. Este es el comienzo de un viaje completamente nuevo y será tan increíble como tú. Felicidades en tu nueva aventura. Frase: "No importa a dónde vaya en sus viajes, sabemos que Dios estará con usted".

Disfruta de la jubilación, es hora de pasar al próximo y emocionante capítulo. Recordándote, cuando te jubiles, con pensamientos gratos y mis mejores deseos... Que esta época de la vida sea todo lo que siempre has esperado que sea. ¡Felicidades! (Designer Greetings Comp.) Frase: "Gracias por todo lo que ambos han hecho por nuestra familia".

Espero que finalmente tengas el tiempo para hacer lo que te gusta hacer, aprender lo que quieres aprender y vivir de la forma que solo has soñado vivir. ¡Enhorabuena! (Hallmark Comp.). Frase: "Yo sé que Dios sabe, que mucho trabajo hiciste en su nombre hacia los confinados en casa".

El mundo es más hermoso gracias a ti y a la persona maravillosa que eres (Hallmark Comp.) Frase: "Gracias por enseñarme a tocar la guitarra, darme palabras de ánimo y creer siempre en mí".

Retirado y admirado. Es el momento de tu vida, tienes el momento de tu vida. ¡Disfruta de la libertad, te la has ganado! feliz retiro (Hallmark Comp) Frase "Yo te celebro mi amigo y gracias por todo lo que has hecho".

Lo hiciste. Felicidades (Hallmark Comp.) Frase: "ahora vivimos en ----, llámanos cuando puedas".

Felicidades por este feliz logro. ¡Espero que te diviertas, porque te lo mereces! (Expressions hallmark Comp.) Frase: "Tengo buenos recuerdos a través de nuestros retiros espirituales, cuando te nombraron en todas tus iglesias y siempre fui a tu primer servicio dominical. Que Dios les bendiga con salud y felicidad".

# 6. SERMÓN "VIVIENDO EN SU PRESENCIA HASTA LA ETERNIDAD"

## Salmo 71 Reina-Valera 1960

*Oración de un anciano*

¹ En ti, oh Jehová, me he refugiado; no sea yo avergonzado jamás.

² Socórreme y líbrame en tu justicia; inclina tu oído y sálvame.

³ Sé para mí una roca de refugio, adonde recurra yo continuamente. Tú has dado mandamiento para salvarme, Porque tú eres mi roca y mi fortaleza.

⁴ Dios mío, líbrame de la mano del impío, de la mano del perverso y violento.

⁵ Porque tú, oh Señor Jehová, eres mi esperanza, seguridad mía desde mi juventud.

⁶ En ti he sido sustentado desde el vientre; de las entrañas de mi madre tú fuiste el que me sacó; de ti será siempre mi alabanza.

⁷ Como prodigio he sido a muchos, y tú mi refugio fuerte.

⁸ Sea llena mi boca de tu alabanza, de tu gloria todo el día.

⁹ No me deseches en el tiempo de la vejez; cuando mi fuerza se acabare, no me desampares.

¹⁰ Porque mis enemigos hablan de mí, y los que acechan mi alma consultaron juntamente,

¹¹ Diciendo: Dios lo ha desamparado; perseguidle y tomadle, porque no hay quien le libre.

¹² Oh Dios, no te alejes de mí; Dios mío, acude pronto en mi socorro.

¹³ Sean avergonzados, perezcan los adversarios de mi alma; sean cubiertos de vergüenza y de confusión, los que para mí el mal buscan.

¹⁴ Mas yo esperaré siempre, y te alabaré más y más.

¹⁵ Mi boca publicará tu justicia y tus hechos de salvación todo el día, aunque no sé su número.

¹⁶ Vendré a los hechos poderosos de Jehová el Señor; haré memoria de tu justicia, de la tuya sola.

¹⁷ Oh Dios, me enseñaste desde mi juventud, y hasta ahora he manifestado tus maravillas.

¹⁸ Aun en la vejez y las canas, oh Dios, no me desampares, hasta que anuncie tu poder a la posteridad, y tu potencia a todos los que han de venir ¹⁹ Y tu justicia, oh Dios, hasta lo excelso. Tú has hecho grandes cosas; Oh Dios, ¿quién como tú?

²⁰ Tú, que me has hecho ver muchas angustias y males, volverás a darme vida, y de nuevo me levantarás de los abismos de la tierra.

²¹ Aumentarás mi grandeza, y volverás a consolarme.

²² Asimismo yo te alabaré con instrumento de salterio, Oh Dios mío; tu verdad cantaré a ti en el arpa, oh Santo de Israel.

²³ Mis labios se alegrarán cuando cante a ti, y mi alma, la cual redimiste.

²⁴ Mi lengua hablará también de tu justicia todo el día; por cuanto han sido avergonzados, porque han sido confundidos, los que para mí mal procuraban.

Como cristiano metodista crecí en una iglesia no muy grande en membresía, pero dinámica en ministerios en Puerto Rico. Allí experimente el amor, el perdón, la transformación en mi vida de la gracia y el gozo de la salvación que mana de la intervención del Espíritu del Cristo vivo. Serví a Dios en mi juventud como laico a escalas local, distrital y conferencial. Aprendí a depender de Dios día a día y a testificar de sus grandes bendiciones.

Como pastor pude mantener la misma disciplina y pulirla a través de experiencias espirituales frescas, campamentos, retiros, estudios de maestría en Divinidad, estudios doctorales en teología y a través de la praxis pastoral en las comunidades asignadas por mis obispos. Yo soy un testigo del amor de Dios, como el apóstol Pablo lo describe en Efesios 3:14-21: el amor de Dios es el que excede a todo conocimiento; es ese amor el que se vive cuando se comparte con el extraño, con la persona oprimida y con personas de diferentes credos y política partidista. Cuando leo el Salmo 71 siento que afirma y renueva mi caminar con Dios y espero que también sea edificante para ti.

El salmista ora para que nunca se avergüence de depender de Dios, con esta petición, todo creyente verdadero puede venir con valentía al trono de la gracia. El que fue nuestra ayuda desde nuestro nacimiento ha sido nuestra esperanza desde nuestra juventud. Los fieles siervos y siervas de Dios pueden estar seguros de que Dios nos acompañará en la vejez y nos suplirá cuando nuestras fuerzas se agoten.

Durante el pasaje bíblico, el salmista declara que la justicia de Dios, y la gran salvación, serán el tema elegido de su discurso, el pregona que Dios quiere ser parte de nuestras vidas no solo en el sábado (Sabath), sino todos los días de la semana, del año y durante toda nuestra vida. La presencia de Dios nos guiará no solo en los tiempos declarados de solemne devoción, sino también en los momentos de prueba y de gran necesidad. Él es el Dios soberano en todas las etapas de la vida.

Es imposible medir el valor o la plenitud de las bendiciones que recibimos, pero en nuestra vejez, seguiremos alabando a Dios con todo lo que tenemos y testificando de las grandes cosas que Él ha hecho con y por nosotros. El Salmo 126:1-3: "¹Cuando Jehová hiciere volver la cautividad de Sion, seremos como los que sueñan. ²Entonces nuestra boca se llenará de risa, y nuestra lengua de alabanza; entonces dirán entre las naciones: ³Grandes cosas ha hecho Jehová con éstos. Grandes cosas, ha hecho Jehová con nosotros; estaremos alegres" Reina-Valera 1960.

El Salmo 71 nos confirma que la justicia de Dios es indescriptible, su salvación es eterna. En oración el salmista pide que en los años que le quedan de vida, que Dios no rechace a su siervo canoso y cuando ya no sea capaz de trabajar como lo ha hecho le sostenga, el Señor a menudo fortalece a su pueblo especialmente cuando la naturaleza se hunde en la descomposición. Los antiguos discípulos de Cristo nos dejaron su aportación a las generaciones venideras estampando un testimonio sólido en beneficio de la religión cristiana: 1. La verdad de la palaba de Dios. 2. El eterno cuidado del Redentor.

Hoy se tiene el privilegio de hacer lo mismo; asegurarnos con la palabra de Dios y confiar en el cuidado de Dios, mientras esperamos el acercamiento de la muerte, alabamos a Dios con todas nuestras fuerzas; hablamos de sus promesas y nos elevamos por encima de los miedos y las enfermedades, disfrutaremos la vida a plenitud, y estaremos compartiendo nuestro testimonio con las generaciones futuras. Gracias a Dios por darme el don de la música, la cual mantiene afinados mi espíritu, mi alma y mi cuerpo.

Este salmo es dedicado al pueblo de Dios, especialmente a los que se encuentran en sus años avanzados.

Nosotros también debemos mantener nuestra fe en Dios y alzar nuestros corazones para bendecir su santo nombre todos los días de nuestra vida, el viejo anciano nota que sus miedos son silenciados, sus esperanzas aumentadas y sus oraciones se convirtieron en acciones de gracias en el texto. Mientras más vivamos, más debemos crecer en la providencia de Dios.

El ministerio de la iglesia requiere de muchas oraciones porque luchamos con sentimientos, pensamientos, fuerzas políticas, fuerzas jerárquicas, fuerzas de maldad, pasiones y decepciones. Gracias a Dios por las pruebas y las injusticias que experimentamos porque nos han acercado a Él. Nosotros como predicadores, cuando hemos dicho todo lo que hemos podido para la gloria de Dios, siempre ha quedado más por decir; nunca se ha agotado la palabra de Dios y, por lo tanto, nunca debemos cansarnos de creer en ella.

En la oración del anciano le da gracias a Dios por estar con él desde joven y por las buenas instrucciones que le dieron sus padres, le da gracias por la intervención en su vida, es una bendición que Dios nos haya permitido conocer las Sagradas Escrituras a temprana edad para que nos sostengan aun en nuestra vejez.

"Instruye al niño en su camino y aun cuando fuere viejo no se apartará de Él" (Proverbios 22:6 Reina-Valera 1960 (RVR1960).

En su vejez, el salmista declaraba todas las maravillas de Dios, no se cansaba de comunicar lo que había recibido. Debemos continuar transmitiendo el mensaje vivido de Dios, que son obras maravillosas, compartamos nuestra historia con los demás. Un ejemplo de testimonio fiel es el que nos da el presbítero y mártir Policarpo de Esmirna, en el año 155.

Durante la persecución de los cristianos, se refugió en una casa de campo cerca de la ciudad, pero la traición de un criado hizo que cayera en manos del procónsul romano Estacio Quadrato, invitado a negar a Cristo, el anciano respondió: "Ochenta y seis años le he servido, y no me ha hecho ningún mal, ¿cómo, pues, puedo blasfemar a mi Rey y Salvador? Me amenazas con un fuego que arde por un tiempo, y después de un rato se apaga; pero ignoras el fuego del castigo eterno que está preparado para los impíos". El relato dice que Policarpo fue colocado sobre una hoguera y que pronunció entonces una bellísima plegaria: "Señor Dios, Todopoderoso, Padre de Nuestro Señor Jesucristo: yo te bendigo porque me has permitido llegar a esta situación y me concedes la gracia de formar parte del grupo de tus mártires, y me das el gran honor de poder participar del cáliz de amargura que tu propio Hijo Jesús tuvo que tomar antes de llegar a su resurrección gloriosa. Concédeme la gracia de ser admitido entre el grupo de los que sacrifican su vida por ti y has que este sacrificio te sea totalmente agradable. Yo te alabo y te bendigo Padre Celestial por tu santísimo Hijo Jesucristo a quien sea dada la gloria junto al Espíritu Santo, por los siglos de los siglos"[27].

Policarpo fue echado en la hoguera, pero como las llamas lo respetaron, el fuego no consumió su cuerpo, fue muerto con una espada.

Policarpo es considerado uno de los santos y padre de la Iglesia; en las iglesias ortodoxa oriental, católica, anglicana y luterana, su nombre significa "muchas frutas" en griego. Ireneo y Tertuliano registran que Policarpo había sido discípulo del apóstol Juan. Jerónimo escribe que Juan lo había ordenado presbítero de Esmirna. Policarpo es considerado uno de los tres Padres Apostólicos principales, junto con Clemente de Roma e Ignacio de Antioquía. Que su ejemplo nos inspire a continuar nuestro caminar con Dios.

¡Ahora que soy viejo y canoso, muero en este mundo, ¡oh Dios no me dejes! Verso18. Esto es lo que desean y esperan con confianza aquellos que han conocido a Dios y decidido honrar al Padre celestial, poder estar seguros de que Dios no nos dejará cuando seamos viejos y canosos, indefensos e incómodos hará de los días malos de la vejez los mejores días.

¿Qué fue lo que David planificó hacer por Dios en su vejez? Alabarlo con instrumentos musicales, danzas y salterio, suena como fiesta para mí, y no solo compartirá su experiencia con su generación, sino que dejará su testimonio plasmado y registrado para el beneficio de la posteridad; mientras tengamos aliento, debemos esforzarnos por vivir para glorificar a Dios y edificarnos unos a otros.

El verso 20 nos dice: "Tú que me has hecho vivir grandes y dolorosas experiencias, por encima de la mayoría de los hombres, me despertarás de nuevo". Los siervos y siervas de Dios a veces ejercen con grandes y dolorosos problemas en este mundo, pero la mano de Dios nos sostiene durante toda la jornada. Que Dios nos despierte allá en su gloria. Amén.

# 7. APRECIACIONES IMPRESCINDIBLES

Gracias a Dios que por su infinita misericordia pude servir como clérigo ordenado por 34 años. Los primeros 6 años con la Iglesia Metodista Unida en Puerto Rico, ahora conocida como Iglesia Metodista de Puerto Rico, y los otros 28 años sirviendo afiliado con la Iglesia Metodista Unida de New York.

Ser pastor es un privilegio, servir a Dios en esa capacidad ha sido una de mis más grandes satisfacciones. El poder interactuar con gente en Puerto Rico y de New York, USA, miembros de las iglesias y de las comunidades en que serví, fue una escuela para mí. La mayoría de mis años ministeriales los pasé trabajando asignado a congragaciones y comunidades multiculturales y multilingües. Serví en dos y tres congregaciones a la vez con servicios en inglés y en español, en seis distritos, en dos conferencias anuales dentro de la Iglesia Metodista Unida. Esto lo hice por 34 años.

Parte de mis peticiones y retos eran que mi familia amara a Dios y a su iglesia como la amaba yo. Gracias a mi esposa Ithamar Malavé por su fe, amor, paciencia y temple espiritual, pudo caminar conmigo mano a mano en todo lo que emprendimos en el ministerio y en la familia, ambos tratamos de proteger a nuestros hijos de los golpes y prioridades de las exigencias y demandas de la iglesia. Gracias a Dios que tanto Dorlimar Lebrón, que hoy es reverenda (clérigo) de la Iglesia Metodista Unida de New York, como Enrique Raúl Lebrón, orador laico y músico cristiano, han seguido las pisadas del Maestro, Jesucristo.

El camino ha sido lleno de retos y de victorias, hemos aprendido a mantener nuestra mirada en Jesús, el Pastor de las ovejas y nos hemos mantenido cultivando la fe con ayunos, oraciones, meditaciones en las Sagradas Escrituras, prácticas que aun después de mi jubilación no han cambiado.

A pesar de toda esta hermosa jornada, cuando llega el momento de jubilarse, Dios te lo deja saber. Te llega su llamado como llega un cambio o asignación eclesiástica a un pastor itinerante; que, aunque lo tenemos pendiente todos los años y nos preparamos, cuando llega el momento no nos sentimos preparados. Lo real es que si hemos hecho nuestra asignación o tarea y hemos hecho provisión con tiempo, podremos responder a nuestro llamado con valor y fe.

Creo definitivamente que la Jubilación es un llamado, es parte de ese caminar con Dios y una movida a servirle en otra capacidad; no es una señal de fracaso, de rendirse o de huir de los retos existentes como creen algunos. La jubilación no es un acto de tirar la toalla, de vagancia o de abandonar lo sagrado.

La jubilación es una oportunidad para experimentar a Dios más cerca, para mirar hacia atrás y testificar con júbilo lo que Dios ha hecho, ¿acaso eso no es lo que nos enseña el evangelio a hacer? La jubilación nos ofrece la oportunidad de dejar que otro liderato con experiencias y conocimientos nuevos le den continuidad a la labor que hemos realizado; nos da la oportunidad de servir como mentores y respaldar el trabajo de otros compañeros y compañeras en el ministerio.

La jubilación nos da la libertad de vivir con más profundidad en el Kairós de Dios y servir a las iglesias, funerarias, hospitales, bibliotecas, centros de ayuda, universidades, viajes misioneros y una gama de otras formas a la humanidad.

¿Los pastores se jubilan o no se jubilan? Yo afirmo que sí, si nos retiramos con júbilo en la gracia de Dios. Estemos preparados para cuando llegue el llamado podamos contestar con júbilo: "Henos aquí".

# REFERENCIAS BIBLIOGRÁFICAS Y NOTAS AL CALCE

*INCISO A*

Conozcamos a Barna Group, que es una empresa visionaria de recursos e investigación, localizada en Ventura, California, desde el 1984; considerada una de las organizaciones de investigación de líderes enfocada en la intersección de la fe y la cultura.

Barna Group ha trabajado con miles de empresas, organizaciones sin fines de lucro e iglesias en Estados Unidos y en todo el mundo. Ha incluido muchas denominaciones evangélicas, parroquias católicas y otros líderes religiosos en sus estudios. Algunos de sus clientes notables han sido el Ejército de Salvación, Visión Mundial, Compasión, la Sociedad Bíblica Americana y Hábitat para la Humanidad. También han prestado servicios a líderes del Comercio y Organizaciones sin fines de lucro: Walden Media, Easter Seals, Care, One Campaign, Humane Society, Gates Foundation y NBC Universal[28].

En uno de los informes de Barna clasifica las ciudades más grandes de la nación de acuerdo con tres métricas diferentes relacionadas con la asistencia a la iglesia: aquellos clasificados congregados (muy activos) han asistido a un servicio religioso en los últimos siete días, sin incluir un evento especial, boda o funeral. Los clasificados no cristianos, no han asistido a un servicio religioso en los últimos seis meses, sin incluir un evento especial, boda o funeral. Y aquellos clasificados agregados eran anteriormente asistentes a la iglesia mínimamente activos, pero no habían asistido a un servicio religioso en los últimos seis meses, excluyendo un evento especial, boda o funeral.

Según los datos más recientes de Barna, casi cuatro de cada 10 (38%) estadounidenses son feligreses activos, un poco más (43%) no tiene iglesia y alrededor de un tercio (34%) tiene iglesia.

Tres de cada 10 pastores (31%) dicen que actualmente están luchando más con su bienestar emocional, mientras que una cuarta parte (26%) dice esto sobre su bienestar relacional. Cuando se trata del bienestar emocional, hay tendencias positivas y negativas. A pesar de las interrupciones, más de la mitad de los pastores (55%) se ha sentido feliz en la última semana; también surgen otras emociones favorables (36% agradecido, 26% optimista, 16% contento). Sin embargo, otra mitad (51%) admite que estaba cansada. Dos de cada cinco dicen que se sintieron agotados (41%), tristeza y en pánico (39%). Otras emociones preocupantes que se sienten con menos frecuencia incluyen una sensación de impotencia (17%) y enojo (16%). No obstante, hay algunas señales de que líderes están recibiendo apoyo; más de un tercio se sintió ayudado (37%) y fuerte (35%).

## INCISO B

*https://www.whdl.org/las-obras-de-wesley.* Biblioteca Wesleyana Digital *(BWD)*
(Obras de Wesley, Tomo I, Sermón 12, pp. 229-230)
(Obras de Wesley, Tomo VI, Defensa del Metodismo, pp.20-25)
(Obras de Wesley, Tomo I, pp.73-97).
(Obras de Wesley, Tomo I, p. 224).

## Bibliografía

(s.f.). Obtenido de https://es.wikipedia.org › wiki › Pastor_(cristianianismo : Pastor (cristianismo) - Wikipedia, la enciclopedia libre

(s.f.). Obtenido de At What Age Should a Pastor Retire? Ten Diagnostic Questions www.mittensynod.org.

*https://extranet.generalconvention.org/staff/files/download/20941.* (s.f.).

Barth, K. (2005). *https://reflections.yale.edu/article/test-time-art-aging/how-not-retire-theologically.* Obtenido de God in Action.

Butt, K. (2015). *https://www.ebglobal.org/articulos-biblicos/que-es-un-pastor.* Obtenido de "What Is a Pastor?" : https://www.ebglobal.org/articulos-biblicos/que-es-un-pastor

Caraballo-López, S. (12 de 20 de 2016). *https://samcaraballo.wordpress.com. La Jubilación: transitando por carreteras no transitadas...Puerto Rico: Sin Miedo a Pensar .*

Clayton, P. (20 de 12 de 2008). *Called for Life: Finding Meaning in Retirement.* Obtenido de https://samcaraballo.wordpress.com/2016/12/20/la-jubilacion-transitando-por-nuevas-carreteras-si-nos-dejan/Herndon, Virginia, Alban Institute, .

Cox, H. (1967). *On Not Leaving It to the Snakes.* New York: Macmillan.

Dalton, D. P. (2018). *Pensions and the methodist pastor. Category: Church Property Disputes/Denominational Splits.*

Del E. Webb Construction Company, *From Wikipedia, the free encyclopedia.* (s.f.).

Drucker, P. (2014).

*es.churchpop.com.* (s.f.).

http://www.revistalafuente.com/2007/12/cual-es-el-verdadero-rol-de-un-pastor.html. (2007). ¿Cuál es el verdadero rol de un pastor? *Revista la fuente.*

*https://c21northwest.com/es/comunidades-de-jubilados-en-arizona/comunidad-de-jubilados-de-sun-city/.* (s.f.).

*https://es.wikipedia.org/wiki/Pastor_(cristianismo).* (s.f.).

*https://reflections.yale.edu/article/test-time-art-aging/ how-not-retire-theologically.* (s.f.).

*https://www.christianitytoday.com/history/issues/issue-2/ john-wesleys-rule-for-christian-living.html* . (s.f.).

Obtenido de Christianity Today "John Wesley's Rule for Christian Living".

*https://wwwsignificado-y-origen-de-la-jubilación/*. (23 de sept de 2021).

Jovel, L. (4 de Enero de 2015). *https://www.luis-jovel.com/2015/01/04/el-cuadrilatero-de-wesley/ El Cuadrilátero de Wesley* .

*Lewis Center for Church Leadership Retirement Best Practices for Pastor and Congregation* . (s.f.).

McGehee, F. (s.f.). *https://www.biblia.work/sermones/adios-a-un-pastorado/*.

Mendoza, J. (8 de enero de 2016). *https://www.coalicionporelevangelio.org/articulo/jubilacion-con-jubilo/* . Obtenido de Vida Cristiana. Jubilación con júbilo | Reflexión.

Ortiz, M. D. (9 de junio de 2016). ¿Llegó la Jubilación...Y ahora qué? Madrid: Tema Salud (9 de junio, 2016) . *El Pais.com/diario*.

Pastor (cristianismo) - *Wikipedia, la enciclopedia libre* . (s.f.).

Silveira, M. (2014). *http://blog.rutascaballobarcelona.com*. Obtenido de La jubilación, un buen momento para empezar. .

Silveira, M. (2014). *La jubilación, un buen momento para empezar*. Obtenido de http://blog.rutascaballo-barcelona.com

*The Holy Bible, English Standard Version® (ESV®), copyright © 2001 de Crossway, un Ministerio Editorial de Good News Publishers.) Salmo 23.* (s.f.).

Wickham, J. F. (2013). *S.J. Director of the Ignatian Spirituality Centre of Montreal* © .

William, V. O. (s.f.). *SBC Voices : Southern Baptist News & Opinion, When should the pastor retire?*

Williams Walsh, M. (s.f.). *United Methodist Church Bucks the Trend on Employee Pensions.*

*www.exitoysuperacionpersonal.com.* (s.f.). Obtenido de www.exitoysuperacionpersonal.com

*www.significado y origen de la jubilación.* (23 de september de 2021).

## *Notas al calce*

1 Barna Group. http://www.barna.com (2020)

2 Ibid

3 Ibid.

4 https://www.cronicasdelenvejecimiento.com/significado-y-origen-de-la-jubilacion/

5 Del E. Webb Construction Company, From Wikipedia, the free encyclopedia https://en.wikipedia.org/wiki/Del_E._Webb_Construction_Company

6 https://reflections.yale.edu/article/test-time-art-aging/how-not-retire-theologically

7 https://www.whdl.org/las-obras-de-wesley. Biblioteca Wesleyana Digital (BWD)
(Obras de Wesley, Tomo I, Sermón 12, pp. 229-230)
(Obras de Wesley, Tomo VI, Defensa del Metodismo, pp.20-25)
(Obras de Wesley, Tomo I, pp.73-97).
(Obras de Wesley, Tomo I, p. 224).

8 https://biblero.com/es/reina-valera-1960/josue-14-6-15

9 Cox, Harvey. On Not Leaving to the Snakes. New York, Macmillan, 1967 https://www.jstor.org/stable/23914069 P. 174

10 https://www.biblegateway.com/passage/?search=1%20Tesalonicenses%205%3A14&version=NBLA

11 https://asigeo.org/un-buen-final-por-roberto-clinton/. J. Robert Clinton y Paul D. Stanly 1992; NAVPRESS, Colorado Spring, Co, USA Apuntes Pastorales Volumen XIV Numero 3.

12 María Dolores Ortiz, ¿Llegó la Jubilación...Y ahora qué? Madrid: Tema Salud (9 de junio, 2016)

13 Clayton Paul C. Called for Life: Finding Meaning in Retirement, Herndon, Virginia, Alban Institute, 2008 https://samcaraballo.wordpress.com/2016/12/20/la-jubilacion-transitando-por-nuevas-carreteras-si-nos-dejan/

14 Samuel Caraballo-López. La Jubilación: transitando por carreteras no transitadas... si nos dejan. Puerto Rico: Sin Miedo a Pensar (20 de diciembre del 2016) https://samcaraballo.wordpress.com/2016/12/20/la-jubilacion-transitando-por-nuevas-carreteras-si-nos-dejan/

15 John F. Wickham, S.J. Director of the Ignatian Spirituality Centre of Montreal © 2013

16 https://www.biblia.work/sermones/adios-a-un-pastorado/ Federico McGehee

17 https://extranet.generalconvention.org/staff/files/download/20941

18 Mary Williams Walsh, United Methodist Church Bucks the Trend

on Employee Pensions, May 21, 2004: https://www.nytimes.com/2004/05/21/business/united-methodist-church-bucks-the-trend-on-employee-pensions.html

19 SBC Voices: Southern Baptist News & Opinion, When should the pastor retire? September 4, 2018 by William Thornton, https://sbc-voices.com/when-should-the-pastor-retire/

20 Lewis Center for Church Leadership Retirement Best Practices for Pastor and Congregation. By David Rich On February 3, 2010 Leading Ideas

21 https://www.daltontomich.com/trust-clause/pensions-methodist-pastor/ Daniel P. Dalton on April 18, 2018

22 https://search.yahoo.com/search?ei=utf8&fr=aaplw&p=(At+What+A-ge+Should+a+Pastor+Retire%3F+Ten+Diagnostic+Questions+www.mittensynod.org+%E2%80%BA+)

23 Ibid.

24 http://www.elmundo.es/elmundosalud/2011/02/03/noticias/1296728053.html

25 Lewis Center for Church Leadership Retirement Best Practices for Pastor and Congregation By David Rich On February 3, 2010Leading Ideas

26 https://adivinanzasde.com/chistes-de-jubilados/

27 Ibid.

28 https://www.biografiasyvidas.com/biografia/p/policarpo.htm

Made in the USA
Columbia, SC
29 July 2023

20923795R00079